KB234995

말투, 몸짓, 속도, 방향
무엇 하나 설계되지 않은 것은 없다.
심지어 눈빛까지도.

THE FOX FACTOR

폭스 팩터

앤디 하버마커 지음 | 곽윤정 · 이현응 옮김

진성북스

폭스 박사의 흥미로운 실험

몇 년 전 비 내리는 일요일 오후, 아파트에서 스위스 루체른의 아름다운 마을을 내려다보며 《폴리오》¹를 읽기 시작했다. 《폴리오》는 매달 첫째 주 월요일에 《노이에취르허차이퉁》² 신문과 함께 발간되는 잡지이다. 이 잡지는 오늘날 대부분의 미디어와는 달리 세상에서 일어나는 일을 철저히 취재하여 사실적인 뉴스와 친절하고 객관적인 보도로 국제적인 평가를 받고 있다. 《폴리오》는 '위조품과 모조품', '컴퓨터업계 사람들', '취리히 중앙역'과 같은 특정 주제에 초점을 맞춰 흥미로운 주제와 새로운 관점을 제시한다. 이 잡지에는 영문으로 작성된 글을 구글 번역기를 통해 독일어로 번역하는 코너가 있는데, 그 결과물은 언제나 흥미로웠다. 또한 이 잡지의 마지막 면에는 '별난 실험'이라는 코너가 있어서 오랫동안 흥미로운 실험들을 다루어왔다.

이 코너에 실린 실험들은 이후 한 권의 책으로 발간되었고, 어느 해 크리스마스 때 우연히 그 책을 받아서 읽을 기회가 있었는데 내용 또한 매우 훌륭했다. 레토 슈나이더Reto U. Schneider가 지은 『별난 실험의 책』[3]이라는 제목의 이 책은 영문으로 『무모한 과학책』[4]이라는 제목으로 출간되었다. 비록 '별난 실험'이라는 이름이 붙어 있고, 경우에 따라서는 사소한 내용을 다루기도 했지만 대부분의 실험은 우리가 살아가는 데 매우 밀접하고 핵심적인 부분을 다루었다.

어떤 실험은 인간 본성의 핵심 요소를 보여줄 뿐만 아니라, 일상적으로 우리 주위에서 무슨 일이 일어나는지 설명해주었다. 심지어 전쟁과 같이 큰 주제의 원인도 실험을 통해 설명이 가능했다. 독일에서는 2001년 〈엑스페리먼트〉[5]라는 제목으로, 미국에서는 2010년 〈스탠퍼드 감옥 실험〉[6]이라는 제목으로 영화화되었던 악명 높은 실험[7]이 바로 그 예이다. 이 실험에서는 수동적인 학생들이 얼마나 빠른 시간 내에 가학적인 교도관으로 바뀔 수 있는지 보여준다. 놀라우면서도 매우 충격적인 인간 본성의 어두운 측면을 밝혀준 것이다. 이러한 행동은 2004년 이라크에 주둔했던 미국과 영국 군인들이 악명 높은 아부 그라이브 교도소에서 이라크인 포로들을 학대한 사실이 드러남으로써 많은 사람들의 주목을 받았다.

일요일 오후, 당시 네 살이던 아들이 침실에서 조용히 노는 동안 읽은 기사는 그보다 평범한 실험에 관한 것이었다. '폭스 박사 실험'은 인간 본성의 어두운 측면을 다루지는 않았지만, 여전히 망치로 머리를 내리치는 것과 같은 충격을 주었다. 그 실험 내용을 읽자마자, 우리 주변에서 이와 비슷한 현상이 일어나는 것을 알아차렸다. 매일같이 회사나 가정에서 이러한 현상이 반복되고 있었다.

그 실험은 어떤 사람이 이야기할 때는 왜 사람들이 더 집중하고, 어떤 사람의 이야기는 무시되는지, 어떤 사람은 살인을 저지르고도 왜 처벌을 받지 않는지 등을 설명해주었다. 또한 내 날카로운 재치와 명민한 지성과 관점, 세계에 대한 직관적인 이해가 종종 무시되는 이유에 대해서도 설명해주었다(당시 나는 스스로를 그렇게 생각했다. 물론 이제는 대부분의 젊은이들이 그렇듯 나 자신을 과대평가했다는 사실을 알게 되었다).

그 기사를 읽은 후 몇 년간 나는 의사결정 과정 중에 우리 마음속에서 일어나는 현상을 깊이 있게 여러 방면으로 이해하게 되었다. 또한 임원 코치라는 내 직업과 심리학을 포함한 신경과학에 대한 관심이 이해를 촉진했다. 본능적으로 중요한 영향을 미친다고 인식했던 것들을 기록하여 서술할 수 있는 용어와 개념을 알게 되었고, 다양한 연구와 사실, 통계 자료로부터 결론을 이끌어낼 수 있었다. 그러나 명확히 경계를 짓고 단순한 효과로 이 현상을 설명할 수는 없다. 인간 행동에는 많은 요인들이 동시에 다양한 영향을 미친다. 따라서 이 책에서 말하는 폭스 팩터든, 빈익빈 부익부 현상과 같은 누적 이득이든, 혹은 의견이나 태도, 행동 등이 불일치할 때 심리적 불안감을 느끼는 인지 부조화든, 수천 가지의 심리적 요인 중 어떤 것도 홀로 영향을 미치지는 않는다.

폭스 팩터 역시 다양한 요인들이 결합하여 영향을 미친다. 각 요인들은 개별적으로 어떤 측면에 대해서 설명해주지만, 결국은 한꺼번에 영향을 미치기 때문에 각각을 분간하고 지각하기란 어렵다. 폭스 팩터는 바로 이런 것이다.

아마도 직관력이 뛰어난 사람이라면 곧 알아차리겠지만, 폭스 팩터는 우리 삶의 다양한 방면에 영향을 미친다. 이 책의 원고를 검토한 많은 사람들이 폭스 팩터의 힘에 수긍하고 열광하며, 최근에 자신이 접했던 사례를 이야기했다. 항공업계에 종사하는 내 친구는 자신이 뒷받침해줄 때만 어떤 여성 컨설턴트의 말을 다른 사람들이 경청한다는 사실을 발견했다. 그는 크고 강한 남성이긴 하지만 그의 동료들과는 달리 본질을 꿰뚫는 직관력이 뛰어난 친구였다.

폭스 팩터는 모든 조직 안에서, 동호회에서, 그리고 정치적 관계에서 영향을 미치고 있다. 놀라운 것은 특히 정치적 관계에 영향을 미친다는 것이다. 연예계는 물론 말할 것도 없다.

그렇다면 폭스 박사는 과연 누구이고, 어떤 실험이 행해졌으며, 무엇보다 우리 일상 속에서 폭스 팩터가 어떤 영향을 미치고 있을까? 지금부터 이에 대한 답을 얘기하고자 한다.

이 책은 세 부분으로 나누어져 있다. 1부에서는 폭스 팩터의 영향을 보여주는 몇 가지 이야기가 제시되는데, 이 또한 폭스 팩터의 사례와 안티 폭스 팩터의 사례, 그리고 폭스 팩터로 인해 살인을 저지르고도 처벌을 받지 않은 사례, 이렇게 세 부분으로 나누어져 있다. 1부는 이 책의 기반을 이루고, 폭스 팩터의 존재 혹은 부재가 우리에게 미치는 효과를 증명해준다. 2부에서는 우리를 왜곡된 판단으로 이끌고, 실체보다는 이미지와 외모, 인상에 집중하게 만드는 무의식적인 의사결정의 과정으로 당신을 초대할 것이다. 마지막으로 3부에서는 자신의 개인적 영향력을 키울 수 있도록 폭스박사가 되는 방법을 소개할 것이다.

2부 무의식을 조종하는 현대인의 마법

똑똑한 뇌, 게으른 뇌

뇌에 관한 불편한 진실

지위를 탐하다

갈등을 피하는 가장 쉬운 방법

1부

마음을 사로잡는 폭스 팩터

대중이 현혹되는 스타의 가상 이미지

당신은 이미지에 속지 않을 거라고?
폴 포츠가 노래를 부르기 전 그의 외모를 보고 무슨 생각을 했는가?

폭스 이야기

지금부터 소개할 이야기들은 폭스 팩터의 힘을 보여준다. 특히 첫 번째 이야기의 주인공 이름을 빌려 이 책 제목을 『폭스 팩터』로 붙였다. 각 사례에서 우리는 왜곡된 사고방식을 알 수 있다.

폭스 박사 Dr. Fox[8]

1972년 11월 6일, 플로리다 마이애미 해변의 맑은 하루다. 이곳은 미의과대학협회의 의학교육연구 학술대회가 열리는 장소이다. 강의실은 꽤 작은 편이고, 의료 전문가의 평생교육과 관련하여 강사 트레이닝을 위해 정신과 의사와 심리학자, 사회복지사 등 교육자들 몇 명이 모여 있다. 강의실 안에 모인 사람들은 흥분과 기대감을 나누느라 조용히 웅성거린다. 학술대회와 이번 강연의 목적은 다양한 교습 목표와 매체, 경험을 제공하여 참가자들이 더 효과적인 교육자가 될 수 있도록 하는 것이다. 강연을 담당한 폭스 박사는 오늘 흥미로운 주제를 다룰 예정이다.

그 주제는 바로 '체육 교육에 적용한 수학의 게임이론'이다. 폰 노이만 Von Neumann과 모르겐슈테른Morgenstern[9]이 게임이론을 수립한 지 거의 30년이 지났고, 〈뷰티풀 마인드〉[10]로 영화화된 내쉬Nash가 이 이론을 발전시킨 지도 21년이 지났다. 1965년 셀튼Selten과 하사니Harsanyi[11]는 게임이론을 더욱 발전시켰다. 폭스 박사는 과감하게도 복잡한 게임이론을 학교교육과 연결시키는 동시에, 다양한 심리적 측면까지 고려한 것이다. 정말 흥미로운 주제가 아닐 수 없다.

알버트 아인슈타인 의과대학의 마이런 폭스Myron L. Fox 박사는 강의실에 입장하여 청중과 인사한 후 자신 있게 강연을 시작했다. 폭스 박사의 인상적인 지식과 자신감, 강력한 목소리에 청중은 몰입했다. 그는 강연 중간중간에 유머를 곁들이고 개인적 경험을 나눔으로써 집중도를 계속 유지했다. 강연은 단시간에 끝났고, 30분 동안 질의응답이 이어진 후에 청중은 만족도를 조사하는 설문지에 응답했다.

강연 분위기에 대한 앞의 짧은 설명을 통해서 짐작했겠지만 폭스 박사는 청중에게 탁월하다는 피드백을 받았다. 청중은 폭스 박사의 해박한 지식과 복잡한 이론에 대한 명료한 설명, 따뜻한 성품을 칭찬하면서 그의 강연에 열광했다. 그들의 피드백에 의하면 강연은 매끄럽게 진행되었고, 흥미로웠으며, 강연자가 주제에 열정이 있었고, 매혹적이고 극적이었다. 모두 괜찮은 평이었다. 그렇다면 강연 내용은 어땠을까? 이에 대해서도 다양한 사고를 유발하고, 훌륭한 분석을 제공했으며, 강연자의 지식이 빛났다는 평가를 받았다. 그렇다면 매우 성공적인 강연이었다고 할 수 있을 것이다. 만약 학술대회에 참석해본 경험이 있다면 이 경우와는 달리 강연이 전혀 흥미롭지 않게 진행될 수도 있다는 사실을 잘 알 것이다. 그러나 폭스 박사는 강연을 훌륭하게 해내는 능력이 있었다. 그는 권위를 가지고 복잡한 주제에 대해 이야기할 수 있었고, 열정과 온화한 성품과 유머로 청중을 사로잡고 강연에 몰입하게 했다.

그렇다면 무엇이 문제일까? 사실 그 강연에는 약간의 문제가 있었다. 좀 더 구체적으로 말하자면 다음과 같이 사소한 두 가지, 아니 정확히는 아주 결정적인 두 가지 문제가 있었다.

첫째, 마이런 폭스는 박사가 아니라 연기자였다. 〈배트맨〉, 〈팔콘 크레스트〉, 〈형사 콜롬보〉 등에 출연했고, 실제 이름은 마이클 폭스라는 연기자였다.

둘째, 강연은 복잡하지만 일반인이 쉽게 이해할 수 있는 과학 논문을 토대로 구성한 얼토당토않은 내용이었다. 마이클 폭스는 과장되게 횡설수설하거나, 전혀 새로운 단어를 만들어내거나, 불합리한 결론을 내리거나, 모순되는 진술을 하도록 지시받았다. 또한 유머와 더불어 주제와 관련 없는 개인적인 사례를 떠오르는 대로 중간중간 섞도록 했다.

결국 강연자는 전혀 자격을 갖추지 못한 사람이었고, 잘 알지도 못하면서 강연의 목적과 무관하게 마음대로 떠들어댄 것이다. 그러나 이 강연은 마이클 폭스의 강력한 몸짓과 자신감 있는 태도와 목소리, 청중을 다루는 능력을 토대로 진행되었고, 이에 따라 압도적으로 긍정적인 평가를 받았다. 강연자가 설득력 있고 열정적이라는 평도 있었으나 이외에도 강연자의 지식이 풍부하고, 내용 설명이 명료하며, 강연의 전체적인 질이 높고, 주제 연구를 매우 열심히 한 것 같다는 평도 있었다. 이것은 강연자의 전달 방식뿐만 아니라 강연 내용에 대해서도 다수의 청중이 긍정적으로 평가했다는 것을 말한다. 어떤 청중은 마이런 폭스 박사가 저술한 자료를 전에 읽어본 적이 있다고까지 했다!《폴리오》에서 다룬 다른 실험에서도 설문 응답자가 이와 같이 존재하지 않는 자료를 이전에 읽었다고 답하는 현상이 자주 있었다. 여기서 얻을 수 있는 교훈은 피드백 설문지를 통해 수집한 응답을 곧이곧대로 해석하는 것에 주의해야 한다는 것이다.

폭스 박사 실험에서는 이외에도 설문지를 통해 다음과 같은 흥미로운 답을 얻을 수 있었다. 응답자가 어떻게 이런 평을 했는지 한번 생각해보라.

- 흥미로우나 배경 정보에 대해서 더 많이 언급했으면 함
- 게임의 두 유형, 즉 제로섬과 비제로섬 게임은 다루지 않았음
- 지나치게 지적인 강연이었음
- 더 실용적인 내용을 다루었으면 함

자신감 있는 태도와 열정은 청중을 유혹한다.
온화한 성품에 유머까지 더한다면 말할 것도 없이
그에게 빠져들 것이다.

물론 응답자 중에는 내용이 산만하고 지루했으며, 별 도움이 되지 않았다고 답한 사람들도 있었다. 그러나 부정적인 응답은 확실히 드물었다.

이 내용을 다룬 다수의 논문에서는 청중의 피드백이 이상하다고 평했다. 그러나 이것은 사실이 아니다. 분명한 것은 긍정적인 피드백이 압도적으로 많은 것에 비해 부정적인 평은 매우 소수였다는 것이다. 사실 이 실험은 청중 수가 너무 적어서 통계적으로 유의미하지 않았기 때문에 다른 두 집단의 청중에게 테이프를 통해 강연이 제공되었다. 따라서 한 집단은 직접 강연을 들었고, 다른 두 집단은 테이프에 녹화된 강연을 보았다. 결과적으로 직접 강연을 경험할 기회가 없었던 두 집단의 청중도 매우 긍정적인 피드백을 주었음을 의미한다. 더욱 중요한 사실은 청중이 학생이나 일반인이 아니라 해당 주제와 관련이 있는, 매우 높은 수준의 교육을 받은 사람들이었다는 것이다. 바로 이런 사람들이 속고만 것이다!

이 실험을 진행한 사람은 도널드 나프툴린Donald H. Naftulin 의학박사와 존 웨어 주니어John E. Ware, Jr., 프랭크 도널리Frank A. Donnelly 세 사람이었다. 이들의 목표는 교육과 관련하여 다음과 같은 문제를 드러내는 것이었다. "교육자에 대한 학생의 평가는 대개 인성 변인에 의해 결정되고 교육 내용과 관련이 없다." 이들의 후속 논문에는 「폭스 박사의 강의: 교육적 유혹의 패러다임」이라는 제목이 붙었다. 이들이 증명한 것은 강의 내용 자체는 강의의 질을 평가하는 학습자의 인식에 거의 영향을 미치지 못한다는 것이다.

학습 내용이 중요하지 않다는 이야기가 아니라, 무엇인가 배웠다는 느낌은 놀랍게도 실제로 학습한 내용과 상관이 없다는 것이다. 이와 반대의 경우, 다시 말해 내용은 풍부하나 흥밋거리와 재미가 없는 방식으로 강의하는 교사나 강사를 종종 접했을 것이다. 비록 교육에 대한 개념, 혹은 학습에 대한 학습자의 인식을 바탕으로 하는 개념이지만 나는 더 깊은 수준으로 이 개념을 다루었다.

나 역시 교육을 담당하고 있으므로 이러한 현상에 관심을 가질 수밖에 없었다. 그리고 실제로 개인적인 경험을 통해 이 현상을 입증할 수 있었다. 나는 성인을 대상으로 언어교육을 실시했을 때 학습자의 피드백이 실제로 습득한 내용보다는 수업이 그들에게 얼마나 흥미로웠는지, 또는 강사를 얼마나 유능한 사람이라고 생각했는지, 혹은 학습자들이 선호하는 학습 스타일에 맞게 수업이 이루어졌는지에 따라 결정된다는 사실을 알아차리고 실망했다. 학습은 분명 보너스였지만 좋은 피드백을 얻기 위한 조건은 아니었다. 게다가 매우 구조화되고 조직화된 학습과 내용에 초점을 맞추는 교육 문화를 가진 스위스에서 이러한 현상이 일어난 것은 놀라웠다.

교육을 담당하면서 한때는 최상의 학습 원리와 학생들이 실제로 학습을 하게 만드는 방법, 즉 학생들이 더 깊은 수준으로 언어학을 이해할 수 있도록 하는 방법에 진정으로 초점을 맞추고 싶었다. 하지만 비록 고결한 목표였으나 성공하지 못했다. 학생들이 관련성을 느끼지 못하는 한, 그들이 앞에 서 있는 사람을 지식이 풍부한 자신감 있는 교사로 바라보지 않는 한, 또한 학생 스스로 흥미를 느끼지 못하는 한 어떠한 최상의 기법도 소용이 없다는 것을 발견했기 때문이다. 그리고 교사로서 성공하는 것은 기법이나 지식, 기술, 학문적 배경이 아닌 다른 것들에 의해 결정된다는 사실을 곧 깨달았다. 내가 기업의 임원들에게 영어를 가르치는 데 성공할 수 있었던 것도 실제로 교육의 질보다는 그들이 나를 좋아했기 때문이다. 물론 교육의 질도 훌륭했다고 생각하지만 때때로 고객들은 그것에는 거의 관심이 없었다.

나는 '교육적 유혹'의 개념이 매우 의미가 있다고 생각한다. 그러나 폭스 박사 실험이 가지는 의미는 여기서 그치는 것이 아니라, 인간 본성의 핵심적인 부분과 우리가 일상에서 끊임없이 접하는 문제들, 예를 들어 무능한 정치인이나 관리자의 문제와도 깊은 관련이 있다. 핵심은 이 실험이 우리가 매일 만나는 사람들과 관련된 정보를 처리하는 방식을 보여준다는 것이다. 곧 그들의 중요성과 능력에 대한 지각, 그리고 그들이 하는 말의 상대적 중요도를 처리하는 방식을 드러내준다. 더 불편한 사실은 우리가 의식하지 못하는 상태에서 이러한 정보가 무의식적으로 처리된다는 것이다. 이러한 현상은 대부분의 사람들이 그 존재조차 의식하지 못하는 상황에서 우리의 견해와 감정, 그리고 궁극적으로 우리의 의사결정 과정을 지배한다.

실제로 기업에서 일어나는 성차별과 유리천장 효과도 이와 관련이 있다. 유리천장 효과란 조직 내에서 유능한 여성의 승진을 가로막는 보이지 않는 장벽을 말한다. 오늘날 조직의 임원으로 있는 많은 여성들이 이와 같은 문제를 경험하고 있다. 여성의 아이디어는 남성의 아이디어만큼 중요하게 여겨지지 않는데, 이는 악의적인 생각이나 공공연한 편견이라기보다는 무의식적인 정보처리 과정 때문이다. 만일 어떤 남성이 같은 아이디어를 가지고 회의실에 나타나면 갑자기 경영진은 그의 말을 경청하기 시작한다. 경영진에게 다가가서 그것이 페미니즘에 근거한 것이든 아니든, 차별적인 정보 평가라고 일러주면 그들은 비웃으며 자신은 절대로 합리적인 판단을 내렸다고 반박할 것이다.

기업에서만 이러한 현상이 발생하는 것은 아니다. 가정과 학교, 상점 등 도처에서 이와 같은 일이 일어난다. 미국 대통령이 말을 하면 듣지만, 옆집에 사는 소년이 같은 말을 하면 거기에 큰 의미를 두지 않을 것이다. 유명한 사람들의 말은 인용하지만, 중요하지 않은 사람들의 말은 인용하지 않는다. 그러나 평범한 사람의 말도 못지않게 날카로울 수 있다.

그렇다면 여기서 말하고자 하는 게 무엇일까? 이것은 곧 우리가 필요로 하거나 원하는 모든 정보, 즉 한편으로는 더 큰 성공과 행복, 자아성취를 가져올 수 있는 정보, 그리고 다른 한편으로는 문제를 해결하고,

해결안을 찾고, 우리의 직업과 삶을 더 편하게 만들어줄 수 있는 정보가 바로 우리 눈앞에 놓여 있다는 것을 의미한다. 다만 적합한 방식으로 제시되지 않았기 때문에 그것을 보지 못하는 것이다. 중요성을 평가하는 선천적인 기준이 우리 생각을 지배하도록 두고, 다른 원천에서 얻은 정보는 무시함으로써 인생의 절반을 놓치고 있다는 것을 의미한다.

폭스 박사의 사례를 보여주면 많은 사람들은 처음에 회의적인 시각을 가진다. 대부분이 자신은 그와 같은 함정에 빠지지 않을 거라고 단정한다. 그러나 이러한 현상은 우리 마음이 정보를 처리하도록 설계되어 있는 방식을 토대로 나타나는 것이기 때문에 나는 감히 다른 주장을 하고 싶다. 우리는 의사결정을 하거나 생존을 위해 정보의 중요성을 평가해야만 한다. 우리가 만나는 모든 사람들은 특정 정보를 판단하고, 중요성과 의미를 부여한다. 어떤 판단은 더 중립적이라고 할지도 모르나, 주관적인 세계에서 사실상 객관적인 것은 존재하지 않는다. 우리 모두는 주관적으로 판단을 내리는 인간일 뿐이다.

대규모 화학 회사에 근무하는 거만한 과학자가 자신은 이러한 함정에 결코 빠지지 않을 것이라고 말한 적이 있다. 어쨌든 무엇보다도 실체에 초점을 맞추는 과학자가 아닌가? 그러나 조금 후에 그는 다른 이야기를 하면서 "그렇지만 그는 실험실 조교일 뿐이야"라고 말했다. 바로 이것이다! 자신은 결코 돌팔이 의사에게 속지 않을 것이라고 주장했으나, 조금 후에 의사가 아니라는 이유로 실험실 조교의 말을 무시했다. 역설적이게도 이것은 같은 함정의 다른 형태이다. 나는 이것을 '안티 폭스 효과Anti-Fox Effect'라고 부르고자 한다. 우리가 반대의 행동을 보이는 경우, 다시 말해서 중요하지 않다고 생각하는 사람의 말을 단지 자격을 갖추지 않았거나 사소하다는 이유로 무시하는 경우를 말한다. 이러한 현상 또한 같은 정도로 위험하다. 이것은 내가 임원 코치로 근무하면서 발견한, 진정으로 위대한 리더를 구분하는 한 가지 기술이기도 하다. 진정 위대한 리더는 조직 내에서 높은 지위에 있든 낮은 지위에 있든 모든 사람의 말을 경청한다.

폭스 박사 실험은 연구자들이 교육적 유혹이라고 불렀던 현상을 설명하기 위해 실시되었다. 그러나 그 실험은 더 깊은 수준에서 인간 본성의 핵심을 설명하고 있으며, 무엇보다 이미지의 중요성, 그리고 그 관련성을 혼동하는 의사결정 과정의 함정을 잘 드러내준다. 이것이 바로 폭스 팩터이다. 이제 더 많은 사례로 폭스 팩터 문제와 함정을 살펴보자.

워런 하딩 Warren Harding 대통령

워런 하딩은 최근 말콤 글래드웰의 탁월한 저서인 『블링크』[12]를 통해서 다시 사람들의 주목을 받았다. 워런 하딩은 미국의 제29대 대통령으로, 1921~1923년 대통령직을 수행했다. 그리고 뇌졸중으로 예기치 않게 사망했다. 비록 재임 기간이 매우 짧았고, 그의 성공에 대한 판단은 부분적으로 주관적이며 여러 가지 외부 요인에 의해서 영향을 받을 수 있으나, 그는 미국 역사상 최악의 대통령으로 여겨진다. 무의식적 의사 결정 과정과 집단 사고에 대해 뒤에서 이야기하겠지만 이 시점에서 나는 부정적 순환, 다시 말해서 언론에 최악의 대통령으로 자주 보도되었기 때문에 그렇게 생각하는 것을 경계하고 싶다. 워런 하딩을 방어하는 차원에서 이렇게 하고자 한다. 왜냐하면 그는 실제로 대통령으로서 독일과 오스트리아와의 평화조약 등 몇 가지 중요한 조약에 서명했고, 이른바 그의 비극적인 실정은 정부 내의 스캔들과도 관련이 있었기 때문이다. 그런데도 그의 사례는 흥미로우며, 폭스 팩터의 여러 가지 요점을 드러내준다.

여기서 설명하고자 하는 폭스 팩터의 핵심은 이미지가 우리의 의사결정 능력을 지배할 수 있다는 것이다. 워런 하딩은 확실히 강한 이미지와 화술을 가지고 있었고, 이 점이 바로 그를 흥미로운 사례로 만들어준다. 저널리스트인 마크 설리번^{Mark Sullivan}은 다음과 같이 말했다.

하딩은 근사한 외모를 가지고 있었다. 그는 당시 35세였고, 두상과 이목구비와 체격은 사람들의 주의를 끌 만한 크기였다. 어느 곳에서든 그 정도의 남성이라면 잘생겼다는 말을 들을 수 있었을 것이다. 후에 자신의 기반 지역 이외의 사람들에게도 알려지게 되었을 때 '로마인'이라는 단어가 하딩을 묘사하는 데 자주 사용되었다. 그의 유연함과 큰 체형, 빛나는 두 눈, 진한 검은색 머리, 눈에 띄는 구릿빛 피부는 잘생긴 인디언 같은 느낌을 주기도 했다. 그의 정중함은 전 인류에 진정한 평화와 화친을 구하는 듯했다. 그의 목소리는 두드러지게 울렸고 남성적이며 따뜻했다. 팁을 주는 모습은 진심어린 마음과 더불어 그의 관대하고 선한 본성과 주위에 기쁨을 주고자 하는 바람을 보여주는 듯했다.

따라서 하딩이 분명히 '대통령의 외모'를 지녔다는 것을 알 수 있다. 말콤 글래드웰은 한 연회에서 어떤 지지자가 "저 녀석은 상원의원처럼 생겼잖아"라고 외쳤다고 기록한다. 그것은 분명한 사실이었다. 그가 꽤 중요한 역할을 수행할 만한 외모였다는 것은 매우 중요한 발견이다. 그런데 그에 걸맞은 화술까지 지니고 있었다. 강력한 목소리와 타고난 듯 권위 있는 분위기, 상냥하고 인간적인 말투를 갖추고 있었다. 그러나 실제로 말한 내용에 대해서는 더할 나위 없이 큰 비난을 받았다. 그는 말하면서 자주 실수를 저지르고 초점 없는 이야기를 하는 것으로 유명했다. 그의 연설에 대해 어떤 사람은 "거만한 표현으로 구성된 군부대가 지형을 가로질러 끊임없이 아이디어를 찾아 헤매는 것 같다"고 묘사했다.

폭스 박사의 사례에서 본 것처럼 결국 내용은 큰 영향을 미치지 않은 것이다. 다음은 하딩의 말이다. "정부가 이해와 상호이익과 공익에 관심을 가지고, 그러니까 완화를 위해 최선을 다하기 바랍니다. 그러면 우리의 과제는 해결될 것입니다." 오늘날 이와 같이 글로 옮겨 적어보면 실제로 터무니없는 내용이었다는 것을 쉽게 알 수 있다. 그러나 그가 미합중국의 대통령이었음을 기억하기 바란다. 논리와 일관성은 말의 빠르기와 어투에 종종 묻혀버린다. 우리는 실제로 각각의 단어를 듣는 것이 아니다. 대화를 따라가면서 우리의 생각과 느낌을 거기에 적용한다. 그리고 종종 우리가 들은 메시지를 원하는 방향으로 해석한다. 이러한 해석은 화자가 풍기는 이미지와 어조, 자신감, 권위 있는 분위기와 같은 외부 요인의 영향을 자주 받는다. 워런 하딩은 분명히 적절한 기운을 지니고 있었다. 날카로운 비평가들은 그가 얼마나 터무니없는 말을 내뱉는지 알아차렸으나, 일반 대중은 확실히 그러지 못했다. 그래서 그가 대통령이 될 수 있었던 것이다.

하딩의 취임 연설에 대해 비평가인 멘켄^{H. L. Mencken}은 다음과 같이 평했다.

그의 글은 이전에 내가 접해본 그 어떤 글보다도 최악의 영어로 되어 있다. 그의 글은 젖은 스펀지가 매달려 있는 줄을 연상시킨다. 누더기 빨랫감이 달려 있는 줄을 연상시킨다. 썩은 콩죽과 대학생들의 응원 소리, 며칠 밤에 걸쳐서 바보처럼 울부짖는 개를 연상시킨다. 그의 글은 너무나도 형편없어서 일종의 장엄함까지 서려 있는 듯하다. 저 어둡고 경멸스러운 밑바닥으로부터 자신을 끌어내어 미친 듯이 가장 높고 고상한 봉우리를 향해 기어오른다. 갈팡질팡, 횡설수설, 어불성설이다.

멘켄이 워런 하딩의 팬이 아니었던 것은 분명하다. 그러나 하딩은 죽은 후에도 비난을 면할 수 없었다. 그의 사망 즈음에 시인 커밍스E. E. Cummings는 이렇게 말했다. "남성과 여성, 그리고 아동 중에서 유일하게 단순한 평서문 문장을 작성하는 데 일곱 가지 문법적 오류를 저질렀던 인간이 마침내 죽음을 맞이했다."

결국 워런 하딩은 키 크고 잘생겼으며, 고전적인 의미에서 상원의 원이나 대통령처럼 보이는 인물이었다. 그는 문법이나 실질적인 내용 면에서는 형편없었으나, 힘 있는 목소리로 대화를 이끌었다. 더 추가할 것이 있다면 유명한 바람둥이에다 포커 선수이자 술꾼이었다. 물론 이 순서대로 유명했다는 이야기는 아니다. 어떤 신문에서는 골퍼라는 점도 지적했으나, 골퍼인 나로서도 왜 이것이 부정적으로 여겨져야 하는지 이해가 가지 않는다. 실제로 많은 사람들은 과연 포커도 그 목록에 있어야 하는지 의문을 가질 것이다. 어쨌든 이와 같은 것들은 일종의 생활 방식을 나타내는 것으로 받아들여지는데, 포커와 도박은 종종 미심쩍은 유형의 인간과 연결된다. 적어도 지금 와서 돌이켜보면 워런 하딩은 실제로 그러한 유형의 인간이었다고 말할 수 있을 것 같다.

선거에서 승리하자마자 하딩은 오랜 동지들을 중요한 자리에 임명했다. 이들은 동명의 책[13]에서 찰스 미 주니어Charles Mee, Jr.가 사용했던 용어인 '오하이오 갱'으로 유명하다. 이들 중 몇 명은 새로운 권력을 남용하여 개인적 이득을 취했다. 하딩이 친구들의 불법 행위를 어느 정도까지 알고 있었는지는 불확실하다. 어쨌든 하딩 자신은 기소당하지 않았다.

하딩의 죽음 이후에 수년간 미국 전체를 떠들썩하게 했던 티팟 돔Teapot Dome 스캔들로 인해 이러한 불법 거래가 대중에게 알려지게 되었다. 이 스캔들은 워터게이트 사건이 발생하기 전까지 미국 정치사에서 가장 악명 높은 사건이었다. 스캔들에는 내무장관이었던 앨버트 폴이 연루되었는데, 그는 기업체에 티팟 돔에 있는 석유 국유지를 임대해주는 조건으로 뇌물을 수수하고 불법 무이자 대출을 받은 혐의로 유죄를 선고받았다. 1931년에 폴은 내각 중에서 최초로 수감된 사람이 되었다.

다른 고위 공무원의 비리 목록도 걱정할 만한 수준이었다. 두 사람, 곧 서류를 파기한 법무장관의 보좌관이었던 제스 스미스와 사기와 뇌물수수죄로 기소되어 2년형을 선고받은 재향군인회 회장 포브스의 보좌관이었던 찰스 크레이머는 스캔들이 터진 후에 자살했다. 거류외국인자산관리국의 국장이었던 토마스 밀러 또한 뇌물을 수수한 혐의로 기소되었다.

하딩은 이와 같은 범죄를 통해 개인적인 이득은 취하지 않은 것으로 보이나, 그것을 제대로 알지 못함으로써 방지하지 못했다. 하딩은 재임 기간 후기에 저널리스트인 윌리엄 앨런 화이트William Allen White에게 다음과 같이 말했다.

"나는 내 적들과는 문제가 없는데, 내 친구들이 문제이다. 그들은 나를 밤에 복도에서 서성이게 만든다!"

돌이켜보면 하딩이 대통령에 취임하여 1년 넘게 재임한 것도 놀랍다. 그가 자리에서 쫓겨난 것이 아니라 앞에서 얘기한 스캔들 때문에 스트레스를 받아 뇌졸중으로 사망한 사실을 기억하기 바란다. 어쨌든 그는 대통령이 될 수 있었고, 비록 많은 비판을 받았으나 계속 대통령으로 재임할 수 있었던 것을 고려하면 그의 연설도 최악의 수준은 아니었던 것 같다. 그의 연설에 대해 사람들은 문법이나 의미보다는 그가 주는 인상에 초점을 맞추었기 때문이다. 그가 대통령 역할을 수행할 만한 사람이라는 인상을 주었는가? 대통령처럼 보이고 대통령처럼 느껴졌는가? 물론 그렇다. 바로 이 사실 때문에 그는 실제로 대통령이 될 수 있었다. 그리고 이것이 바로 폭스 팩터의 진정한 힘이다.

리처드 템플러Richard Templar는 그의 저서인 『일의 법칙』[14]에서 만일 출세하고 싶다면 어떤 역을 수행할 만한 외모를 지녀야 한다고 말한다. 물론 지식과 교육, 정보를 많이 갖추는 것도 좋고, 리처드 템플러 또한 그렇게 할 것을 추천한다. 그러나 당신의 승진은 결국 관리자 역할을 감당할 수 있을 것처럼 보이는가의 여부에 달려 있다. 나는 이에 더해 당신이 관리자처럼 느껴져야 한다고 본다. 만일 그렇다면 당신이 성공할 가능성은 매우 높다.

맥주잔 받침 시리즈로 잘 알려져 있는 작가 마이크 사우돈^{Mike Southon}은 그의 베스트셀러인 『맥주잔 받침 위의 세일즈 비법』[15]에서 다음과 같이 말한다. "세일즈에서 가장 중요한 것은 고객이 좋아하는 사람이 되는 것이다." 알고 보면 간단한 사실이다.

신체와 시각적 인상이 사람들에게 미치는 영향은 지대하다. 이미 우리는 이 사실을 잘 알고 있다. 예를 들어 앨런 피즈와 바바라 피즈의 고전인 『몸짓 언어』[16]에서도 볼 수 있듯이 모든 전문가는 몸짓과 자세, 움직임이 그 사람의 인상과 그가 전하는 메시지를 해석하는 방식에 커다란 영향을 미친다고 주장한다. 이것이 바로 폭스 팩터가 이야기하고자 하는 것이다. 다시 말해 당신이 만들어내는 인상이 당신이 말하는 내용의 질보다 더 큰 무게를 지닌다. 놀랍겠지만 사실이다.

버나드 메이도프 Bernard Madoff

버나드 메이도프는 정말로 매력적인 인물이었으며, 이렇게 말하기가 좀 꺼려지지만 뉴욕 사회의 신사였다. 그는 원만한 사람이었고, 그의 수많은 직함과 책무 또한 매우 인상적이었다. 나스닥증권거래소 위원장에서 다수의 비영리 조직 이사에 이르기까지 그의 경력은 질투심을 느끼게 할 정도인데, 얼마나 많은 사람들이 그를 중요하고 영향력 있는 사람으로 인식했는지 잘 보여준다.

그러나 2008년 12월 11일 메이도프의 세상은 무너지기 시작했고, 결국 그의 발 주위에는 먼지 더미만 쌓이고 말았다. 평생 동안의 거짓은 수십 년간 그가 기만했던 사람들의 얼굴과 이목 앞에 갑자기 던져졌다. 메이도프는 증권 사기로 체포되었는데, 그것도 평범한 사기가 아니라 미국 역사상 가장 큰 폰지 사기, 즉 신규 투자자의 투자금으로 기존 투자자에게 수익을 지급하는 다단계 방식의 금융 사기였다. 그는 완전히 가짜였던 것이다!

버나드 메이도프가 어떠한 사람이었는지 알아보자. 위키피디아에서는 그를 다음과 같이 설명한다.

> 그는 몬톡에서 바다를 마주보고 있는 주택을 소유했다. 그의 주거주지는 맨해튼 북동부였으며, 건물의 협동조합 이사장으로 등록되어 있었다. 그는 프랑스에 있는 주택과 플로리다 팜비치의 맨션을 소유했고, 팜비치 컨트리클럽의 회원이기도 했다. 메이도프는 17미터 길이의 낚시 요트도 가지고 있다.
>
> 2009년 3월 13일에 메이도프가 신고한 바에 따르면, 그와 그의 부인의 재산은 1억 2600만 달러에 달했고, 버나드 메이도프 투자사의 사업 이익은 7억 달러 정도로 추정되었다.
>
> 메이도프는 여러 비영리 기관의 이사직을 담당했던 유명한 자선가로, 많

은 기관들은 그의 회사에 기부금을 위탁했다. 그의 개인 재산과 회사 자산의 가치가 폭락하고 동결됨에 따라 세계 도처의 기업과 자선 단체, 재단들이 피해를 보았다. 그리하여 차이스 패밀리 재단, 로버트 래핀 자선재단, 피코어 재단, JEHT 재단 등은 문을 닫을 수밖에 없는 상황이 되었다. 메이도프는 그의 아들 앤드류가 림프종 진단을 받은 후 이 질병에 대한 연구를 위해 600만 달러 정도를 기부했다. 그와 부인은 1991년 이후에 정치자금으로 23만 달러 이상을 기부했고, 이 중 대부분인 88퍼센트는 민주당에, 그리고 나머지 12퍼센트는 공화당에 돌아갔다.

메이도프는 예시바 대학의 사이심스 경영대학 이사장으로, 또한 운영위원회의 회계 담당자로, 그리고 뉴욕 시의 문화기관그룹 회원인 뉴욕시티센터의 이사로 근무했다. 이외에 그는 뉴욕 UJA 재단의 월가 지부 집행위원회에서 일하기도 했으나 이 재단은 다행히 이해관계 때문에 그의 기금투자를 거절했다.

메이도프는 생명의 선물 골수 재단에서 자선사업을 했으며, 부인과 함께 운영한 1900만 달러 가치의 개인 재단인 메이도프 패밀리 재단을 통해 기부했다. 그들은 병원과 극장에 돈을 기부했으며, 그 재단에서는 많은 교육·문화·건강 자선단체에 기부했다. 이 단체들 중 많은 곳이 메이도프의 사기로 문을 닫아야 했다.

결국 인상적이기는 하나, 많은 사람들에게는 비극적이게도 버나드 메이도프 사건은 역사상 가장 큰 사기 사건이었다. 전모가 드러났을 때 사람들은 어떻게 이와 같은 일이 발생했는지 의아해했다. 이런 사건이 일어났을 때 슬프게도 우리가 늘 하는 질문은 "어떻게 그 많은 사람들이 오랫동안 속을 수 있었을까?"이다. 답은 간단하다. 바로 폭스 팩터 때문이다. 그는 직함이 있었고, 존경받는 투자자였으며, 여러 직위에 임명되었고, 자선사업가였으며, 특히 사람을 가려서 투자를 받음으로써 전문성과 엘리트주의를 동시에 보여주었다. 만일 그가 존경받는 고위 임원의 추천을 받았다면 누가 그것에 의문을 제기하겠는가? 혹시 당신은 알아차렸을 것이라고 말하고 싶다면 다음과 같이 생각해보자.

새 차를 구입한 적이 있는가? 당신이 벤츠를 새로 구입하기를 원한다고 가정하자. 당신은 주위에 있는 벤츠 딜러나 거주하는 지역에서 가장 유명한 벤츠 딜러를 찾아갈 것이다. 차를 구입하려면 돈이 많이 든다. 그런데 벤츠든 페라리든 다른 브랜드든 딜러를 찾아갔을 때 그들의 법인설립 인가증을 확인한 적이 있는가? 그리고 그들이 지역의 인증을 받은 벤츠 딜러인지 의문을 가진 적이 있는가? 또한 자동차가 진품인지 확인해본 적이 있는가? 아마도 대부분의 사람들은 그렇게 하지 않았을 것이고, 앞으로도 그럴 것이다. 나 또한 마찬가지다. 건물과 자동차, 직원을 갖춘 큰 상점이 있으면 누구나 점검해볼 생각을 하지 않게 된다. 모든 것이 자명하다고 생각하는 것이다. 버나드 메이도프의 경우도 마찬가지였다. 그는 돈이 있었고, 투자자였으며, 월가에서 높은 직책에 있었고, 다수의 주택을 소유하고 있었다. 따라서 누구도 그의 진정성을 의심하지 않았고, 거의 모든 사람들이 함정에 빠졌다.

금융 전문가이자 내부 고발자였던 해리 마르코폴로스^{Harry Markopoulos}가 이미 1999년부터 메이도프가 배분한 수익을 달성하는 것이 법적으로, 그리고 논리적으로 불가능하다고 증권거래위원회에 알렸다는 사실을 알게 되면 더욱 흥미롭고 놀라울 것이다. 아마 음모론자들은 프리메이슨의 사악한 책략이 개입되었을지도 모른다는 이야기를 만들어낼 것이다. 그러나 해리는 2000년과 2001년에도 보스턴 증권거래위원회로부터 무시당했고, 2005년과 2007년에 뉴욕 증권거래위원회의 메간 정에게 추가로 증거를 제시했을 때에도 무시당했다. 그는 이후에 『아무도 들으려 하지 않았다』[17]라는 책을 출판하여 자신의 팀이 10년이라는 기간에 걸쳐서 얼마나 당국과 기업체, 언론에 메이도프의 사기에 대하여 알리려고 노력했는지 밝혔다.

폭스 팩터는 단지 버나드 메이도프의 이미지와 인상에만 영향을 준 것이 아니다. 그의 사기에 대한 증거가 제시되었을 때에도 사람들은 그것을 다른 관점에서 바라보고 다른 범주에 속한다고 생각했다. 그 증거에 중요성이 다르게 부여된 것이다. 이와 관련해서는 뒤에서 더 자세히 다루도록 하겠다. 어쨌든 그들은 그것을 믿고 싶지 않았고, 따라서 그 정보를 머릿속의 다른 상자에 집어넣었다. 폭스 팩터는 매우 강력해서 이와 같이 반대를 증명하는 증거보다도 더 중시될 수 있다. 이것이 더욱더 놀라운 점이다. 지금 돌이켜보면 모든 것이 아주 분명해 보이고, 해리 마르코폴로스가 모든 사람들에게 자신이 옳았다고 주장하면서 어깨를 으쓱대는 것도 당연하다. 그러나 왜곡된 정보가 제시되고, 이와 더불어 권력의 자리에 있는 모든 사람들에 대하여 확산되는 다양한 유형의 근거 없는 주장들을 접하게 되면 진실을 알아차리기가 매우 힘들다. 이 책을 계속 읽다 보면 무의식적으로 영향을 미치는 요인들이 매우 광범위하며, 때때로 압도적이라는 사실을 알게 될 것이다. 바로 이 때문에 진실을 간파하기가 몹시도 어려운 것이다.

폭스 팩터는 모든 분야에 걸쳐서 퍼지고 과학과 통계에 스며들기도 한다. 그리고 때때로 몹시 강력한 힘을 발휘한다. 버나드 메이도프의 사례처럼 시간이 지나면 그 영향력이 떨어질 수 있으나, 더 중요한 것은 그가 처음에는 성공을 했고, 결국 그의 몰락이 고객에게 더 큰 피해를 입혔다는 것이다.

안티 폭스 팩터

지금까지 실체보다도 이미지가 훨씬 우세했던 세 가지 사례를 보았다. 이제 동전을 뒤집어 이미지는 볼품없었으나 실질적인 능력이나 적어도 잠재력을 가진 주인공들의 이야기를 살펴보자.

폴 포츠 Paul Potts

미국의 〈아메리카 갓 탤런트〉[18]에 해당하는 텔레비전 프로그램 〈브리튼즈 갓 탤런트〉[19]에서 발견한 두 사례 중 첫 번째가 바로 폴 포츠다. 이 두 사례 모두 강력하고, 대중에게 크나큰 감동을 주었다.

이 프로그램이 방영되기 시작한 2007년, 비뚤어진 이를 가진 한 수줍은 남성이 무대에 올랐다. 그는 긴장하고 있는 것이 분명했고, 외모는 단정치 못했으며, 약간 불균형한 얼굴을 가지고 있었다. 그리고 몹시 수줍어했다. 심사위원이 그에게 무엇을 하고 싶은지 물었을 때 그는 간단히 "오페라를 부르고 싶어요"라고 답했다.

그의 분위기는 전혀 오페라 가수 같지 않았다. 고개가 한쪽으로 치우쳐 있고, 약간 사시였으며, 볼은 부어 있고, 앞에서 말했듯이 치아도 비뚤어졌다. 게다가 말도 없는 편이었다. 전체적으로 그렇게 관심을 불러일으키는 첫인상은 아니었던 것이다. 도대체 누가 이런 사람이 오페라를 부를 것이라고 믿겠는가?

여기서 잠시 한번 생각해보자. 우리는 지금 오페라를 부르는 것에 대해 이야기하고 있다. 다시 말해 높은 음이나 목소리의 힘 등을 말하는 것이다. 오페라를 부르는 것은 치아와는 전혀 관계가 없으며, 성대나 폐와 관련이 있다. 그러나 카메라가 방청객을 비쳤을 때 전 세계 사람들은 그들의 의심스런 표정을 분명히 볼 수 있었다. 방청객은 그를 전혀 믿지 않았다. 폴 포츠가 오페라를 부를 수 있을 것이라고, 재능이 있는 사람일 것이라고 전혀 생각하지 않은 것이다. 심사위원들도 마찬가지였다. 그들의 몸짓 언어가 이를 확실히 보여주었다. 방청객과 심사위원 모두 몇 분 후면 폴 포츠가 수치스런 눈물을 닦으며 짐을 싸게 될 것이라고 생각했다. 실제로 그는 6분 후에 눈물을 닦고 있었다. 그러나 그것은 수치스러워서 흘린 눈물이 아니었다.

모든 사람들은 폴 포츠의 외모와 이미지를 바탕으로 그의 오페라 부르는 능력을 판단했다. 자신감이 없어 보이므로 분명히 재능도 없을 거라고 판단을 내린 것이다.

그렇게 폴은 무대 위에 서서 오페라를 부르겠다고 말했다. 심사위원들은 최대한 진지해보이려고 노력하면서 예의상 고개를 끄덕여주었다. 심사위원인 피어스 모건은 나머지 두 위원에게 회의적인 표정을 보였다. 카메라는 방청객을 비췄고, 그들은 모두 기대에 차서 의자 끝에 매달려 앉아 있었다. 모두 폴 포츠가 창피해하는 상황을 기대했던 것이다. 음악이 연주되기 시작했고, 심사위원들은 의자 뒤로 기대어 전혀 기대하지 않는다는 생각을 숨기려고 표정을 관리했다. 카폰 판매원이 평범한 노래도 아니고 오페라를? 이건 아니잖아!

드디어 음악이 연주되고, 모두의 예측이 강하게 느껴지는 상황 속에서 폴 포츠가 노래를 부르기 시작했다. 그의 목소리는 분명하고 강렬했다! 심사위원은 몸짓으로 이를 알아차렸음을 보였고, 그들의 눈은 벌어지기 시작했다. 가사가 잘 전달되었다. 진짜로 노래를 부를 줄 알았다! 푸치니의 오페라 〈투란도트〉 제3막에 등장하는 아리아로, 루치아노 파바로티가 불러서 유명해진 고전 중의 고전 〈네순 도르마〉의 두 번째 가사가 시작되었다. 폴 포츠의 힘은 더욱 강렬해지고, 그의 목소리는 무대를 비롯해 스튜디오에 있는 방청객과 텔레비전을 보는 시청자의 가슴속에 울려 퍼졌다. 놀란 사람들의 침묵 뒤에 박수갈채가 이어지고, 심사위원은 노래에 도취되었다. 그의 노래가 계속되자 박수갈채는 더욱 커지고, 방청객은 기립했다. 그렇게 2분 만에 폴 포츠는 스타가 되었고, 결국 우승을 차지했다. 그가 오페라를 불러서 그렇게 되리라고 누가 상상이나 했겠는가?

무대에 선 사람이 자신감이 없어 보이면
사람들은 대부분 그에게 재능도 없을 거라고 판단해버린다.

평범한 외모와 비뚤어진 이, 부족한 자신감 때문에 처음에 그는 전혀 주목을 받지 못했다. 주위에서 흔히 볼 수 있는 수줍은 소년 같았다. 그러나 결국 모든 사람들이 원하던, 무일푼에서 벼락부자가 되는 동화가 눈앞에 펼쳐졌고, 이 점은 사람들에게 더욱 강력하게 작용했다. 수많은 사람들이 외모는 초라했지만 꿈은 컸던 폴 포츠와 공감할 수 있게 된 것이다.

여기서 중요한 점은 그가 무대에 섰을 때 왜 아무도 오페라를 부를 수 있을 것이라고 믿지 않았는가 하는 것이다. 앞에서 말했듯이 그가 그렇게 보이지 않았기 때문이다. 그러나 외모와 오페라가 무슨 관계가 있는가? 사실 그 어떤 노래도 성대나 폐와 관련이 있을지 몰라도 외모와는 전혀 관계가 없다. 또한 반드시 자신감이 있어야만 노래를 할 수 있는 것도 아니다. 물론 대중 앞에서 노래를 부르려면 무대 위에서 걸을 수 있을 정도는 되어야 한다. 그러나 모든 방청객과 심사위원들은 그가 입을 열어 노래를 부르기 전에 이미 그와 그의 능력을 판단했다. 시작도 하기 전에 단념한 것이다. 사실 취업 면접이었다면 그는 이미 떨어져서 다시 설 기회조차 주어지지 않았을지도 모른다. 다행히 목소리로 승부할 수 있는, 전혀 다른 성격의 프로그램이었기 때문에 이와 같은 일이 가능했다. 이 방송은 '무일푼에서 벼락부자로'가 콘셉트이다. 재능 있는 사람을 찾는 것이 목적이고 폴 포츠로 인해 그 목적을 달성한 것이다.

우리는 지금 안티 폭스 팩터에 대해서 이야기하고 있다. 평범한 외모와 비뚤어진 이를 가진 사람이 있으면 우리는 쉽게 그를 무시한다. '첫인상이 중요하다'는 말은 대체로 우리에게 익숙하다. 의식적으로, 또는 무의식적으로 판단을 내릴 때 언제나 이 말대로 첫인상이 영향을 미치기 때문이다. 그러나 앞의 사례에서 볼 수 있듯이 첫인상은 완전히 그릇된 정보를 줄 수 있다. 이를 보여주는 더 강력한 사례가 2년 후 같은 텔레비전 방송에서 나타났다.

수전 보일 Susan Boyle

2009년 〈브리튼즈 갓 탤런트 시즌 3〉이 시작되었다. 2년 전 비뚤어진 치아를 가진 카폰 판매원이 청중을 깜짝 놀라게 했다. 그날 저녁에는 헝클어진 머리와 두꺼운 눈썹을 가진 튼튼한 여성이 무대로 쿵쿵거리며 올라섰다. 그녀는 "가수가 되고 싶어요"라고 말했다. 그녀는 지금까지 자신을 입증할 기회가 전혀 주어지지 않았음을 떠올리고, 이번이 진정한 기회이기를 간절히 바랐다. 그녀는 '마을'이라는 단어가 생각나지 않아 말을 더듬거렸다. 방청객은 불안한 그녀의 모습을 보면서 웃었지만 그녀는 아무렇지도 않은 듯 태연했다. 심사위원장인 사이먼 코웰이 "나이가 어떻게 되십니까?"라고 묻자 그녀는 "47세요"라고 대답했다. 심사위원이 회의적인 표정을 보이자 그녀는 넉살 좋게 허리를 빙글빙글 돌리며 말했다. "그것은 단지 나의 일부분일 뿐이죠." 청중은 웃었고,

드디어 공연이 시작되었다. 심사위원은 눈동자를 돌리고, 피어스 모건은 입술 끝을 올리며 회의적인 표정을 지었다. 방청객은 공연을 볼 준비가 되었다. 남의 불행에 쾌감을 느끼며 웃을 준비가 된 것이다.

사이먼이 물었다. "누구처럼 되고 싶어요?" 그녀는 "음, 일레인 페이지요"라고 답했다. 뮤지컬 〈캣츠〉, 〈에비타〉 등으로 유명한 영국의 가수이자 배우의 이름이었다. 꿈이 정말 원대한 여성이다. 뒤에서 방청객의 낄낄거리는 웃음소리가 들렸다. 과체중의 단정치 못한 이 여성은 도대체 자신이 어떤 사람이라고 생각하는 것일까? 수전은 뮤지컬 〈레미제라블〉의 〈난 꿈을 꾸었네〉를 부르겠다고 했다.

음악이 시작되고, 심사위원은 최악의 사태를 예상하면서 역시나 의자 뒤로 기대었다. 카메라가 방청객을 비추자 사람들이 손가락을 깨문 채 당혹스러움에서 벗어나려는 모습이 보였다. 여기저기서 회의적이라는 듯이 고개를 설레설레 흔들었다.

음악 소리가 점점 더 커지고, 수전은 입을 열어 노래하기 시작했다. 방청객은 수초 만에 그녀의 목소리에 흠뻑 빠졌다. 모두 깜짝 놀라 침묵이 흘렀다. 심사위원의 눈은 커지고, 입이 확실하게 보일 정도로 벌어졌다. 수전이 두 번째 가사를 시작하려 할 때 방청객은 이미 기립하여 갈채를 보내고 함성을 질렀다. 그녀의 목소리가 가진 힘과 아름다움을 모두 경축했다. 음이 높아질 때 수전의 눈은 반짝이고, 심사위원도 점차 그 목소리의 강력한 힘에 압도되었다. 방청객의 얼굴은 단 몇 초

만에 의심하는 표정에서 놀라워하는 표정으로 바뀌어버렸다. 방청객은 재능 있는 사람을 새로 발견한 기쁨에 모두 공연을 즐기고 있었다. 수전의 노래가 끝났을 때 그들의 눈에는 유쾌함과 행복함이 넘쳐 보였다.

방청객은 노래가 흐르는 동안 계속 기립해 있었다. 노래가 끝나자 사람들은 자신의 목소리를 들을 수 없을 정도로 크게 환호했다. 수전은 이미 영웅이 된 것이다. 그녀는 방청객의 가슴에 와 닿았다. 몇 주 후에 그녀의 영상은 유튜브 웹사이트에 등록되었고, 조회 수에서 선두를 지켰다. 이 책을 쓰는 지금 그 영상의 조회 수는 1억 5000만을 넘었다. 정말이지 경이로운 일이 아닐 수 없다.

방청객은 점차 조용해지고, 수전은 또 한 번 넉살 좋게 바로 무대를 걸어 나가기 시작했다. 당황한 심사위원은 다시 그녀를 불렀다. "아니, 어디 가시는 거예요!" 그러나 그녀의 이러한 모습이 오히려 더 호감을 느끼게 했다. 심사위원들이 마음을 진정시키고 방금 경험한 것을 어떻게 표현해야 할지 고민하는 동안 방청객은 차분하게 기다렸다. 그들은 모두 수전에게 매료되었고, 사이먼이 세 번째로 "합격"이라고 말하는 순간, 그녀에게 다음 라운드로 가는 티켓이 주어졌다. 수전은 팔을 번쩍 들어 올리고 귀엽게 춤을 추고는 무대에서 내려왔다. 사이먼의 얼굴에서도 매우 깊은 즐거움을 찾아볼 수 있었다. 평소 그는 무표정한 편이었다. 이전에 폴 포츠조차 그의 표정을 바꾸지 못했으나, 그때는 완전히 수전에게 사로잡힌 듯 보였다.

심사위원인 아만다 홀든이 말했다. "자, 이제 우리 모두 이것을 교훈으로 삼읍시다." 다들 고개를 끄덕였다. 맞다. 모두가 교훈으로 삼아야 한다. 다시는 외모로 사람을 판단하지 말자. 우리 모두 내면의 가치를 보려고 하자! (비꼬는 듯한 어투를 양해해주기 바란다.) 영상을 보고 나면 모두 그렇게 생각한다. 그러나 아민다의 말에 고개를 끄덕이다가도 불과 2초 후에 우리는 그것을 까맣게 잊어버린다. 수전 보일에 대해서만 교훈을 얻은 것이지, 이 사례로부터 교훈을 얻은 사람은 아무도 없다.

밖으로 나와 집으로 가려고 택시를 탔을 때 운전기사가 주식 투자에 대한 조언을 해주면 우리는 "택시 기사가 주식에 대해 뭘 알겠어?"라며 그를 무시해버릴 것이다. 거리의 노숙자 곁을 지나가면서 아무도 그에게 직업을 구해줘야겠다고 생각하지 않을 것이다. 정치인이 긴장하면서 말을 하면 투표 때 절대 그를 뽑지 말아야겠다고 생각할 것이다. 외적인 인상을 바탕으로 순간적인 판단을 내리는 것은 매우 깊게 뿌리박혀 있는 행동이어서 우리가 알지 못하는 사이에 일어난다. 만약 내기를 한다면 수전을 본 방청객들도 밖으로 나오자마자 다시 사람들의 인상을 보고 판단을 내리기 시작했을 것이라는 데 돈을 걸겠다. 2년 전의 폴 포츠도 결국 우리에게 별다른 교훈을 주지 못했음을 기억하자.

우리는 이런 방식으로 판단을 내리도록 설계되어 있다. 한순간에 판단을 내리고, 사람들을 구분한다. 수전 보일 또한 외모를 보고 사람을 부정적으로 판단하는 안티 폭스 팩터의 사례이다. 재능 있는 사람을 찾기 위한 방송에서 전혀 기대치 않은 겉모습을 한 사람이 재능을 보일 때는 무척 흥분된다. 그러나 일상생활 속의 취업 면접이라면 그런 사람에게 기회조차 주어지지 않았을 것이다. 실제로 수전 보일은 방송에 출연할 당시 실업자였고, 남자 친구를 사귄 적도 없었다.

그녀는 발견되었기 때문에 모든 것이 달라졌다. 그러나 이는 매우 안타까운 일이다. 얼마나 많은 사람들이, 재능이 발견되지 않은 상태로 남아 있는가?

마르코 피셔 Marco Fischer

이제 내가 살고 있는 스위스의 한 마을로 여행을 떠나보자. 2009년 선거 캠페인 때 흥미로운 일이 일어났다. 당시 후보자였던 마르코 피셔와 관련된 이야기이다. 그는 FDP(자유민주당)의 일원이다. 루체른은 7만 명이 거주하는 지역으로, 의회 의석수는 총 50석이다. FDP는 그중 열두 석을 확보하고자 했다. 이번 선거에서는 좀 더 현대적인 방법을 사용하기로 결정했고, 서른 명의 후보자 모두를 동영상으로 촬영했다. 그리고 이 영상들을 지역 정당의 웹사이트에 등록했다.

FDP는 중도우파 정당이다. 스위스의 비례대표제는 미국이나 영국의 효과적인 양당체제(2010년 총선거에서 이 체제가 전체적으로 흔들리기는 했지만)와는 달리 전통적으로 다수의 주요 정당 체제의 발달을 촉진했다. 현재 스위스에는 네 개의 주요 정당이 있고, 녹색당과 녹색자유당이 각각 다섯 번째와 여섯 번째 자리를 차지하고 있다. FDP는 포퓰리즘보다는 기업과 경제에 초점을 더 맞추는 '경제 정당'으로 알려져 있다. 이 정당은 학식 있는 주장을 하는 경향이 있어서 어떤 사람들은 의사니 교수의 정당으로 생각하기도 한다. 그러나 많은 생각을 바탕으로 합리적인 입장을 취하고, 포퓰리즘과 같이 지나치게 단순한 해결 방법은 종종 손해를 보면서까지 피하기 때문에 이러한 생각은 부분적으로만 옳다고 할 수 있다. 그러나 사실상 이것은 이 책의 주제와 관련이 없다. 이와 관련된 내용은 『아미그달라 신드롬』이라는 책에서 다룰 것이다.

정치 지형상 FDP는 비록 극우파 정당은 아니나, 루체른에서 강한 영향력을 지니는 좌파 정당인 사회주의당과 대치를 이룬다. 특히 소장파 사회주의당원은 사회주의자 내에서도 더 극단적인 성향을 지닌다. 참고로 스위스에서는 사회주의가 미국에서처럼 부정적 의미를 지니지 않는다. 스위스의 사회주의당은 영국의 노동당과 유사하다.

이것을 설명하는 이유는 마르코 피셔가 FDP 내에서도 소장파에 속하는 정치인이었기 때문이다. 소장파 사회주의당원들은 선거에서 두 석 정도 확보할 것을 기대하면서 스무 개 지역에 후보를 출마시켰다. FDP 지역정당 대표는 소장파 사회주의당원들이 질보다 양에 초점을 맞추고 있다고 평하면서 이와 같은 움직임을 비판했다. 따라서 FDP 후보자들의 영상이 업로드 되었을 때 이를 가장 먼저 본 사람들은 소장파 사회주의당원들이었다. 일반 대중은 오히려 동영상에 별로 관심이 없는 것처럼 보였고, 오직 정치인들만 동영상에 주목했다.

마르코 피셔는 수줍어하고, 말을 더듬거리며, 문장을 말하는 중간에 깊은 한숨을 쉬는 버릇이 있었고, 경직되어 있었으며, 높고 끽끽거리는 목소리를 가지고 있었다. 확실히 버락 오바마와 같은 스타일은 아니었다. 실제로 그는 약간 괴상해 보였다.

소장파 사회주의당원들은 그를 촬영한 동영상이 매우 웃기다고 생각했고, 특히 FDP 지역 정당 대표로부터 비판을 들은 후 마르코의 영상을 바로 유튜브에 올려서 FDP 후보자들의 '자질'에 대해 고소하다는 듯이 문제를 제기했다. 그리고 이 작전은 성공했다. 소장파 사회주의당원들은 네트워크를 이용하여 젊은이들이 더 많이 보는 온라인 신문에 이와 관련된 기사가 실리도록 했다. 그러자 퍼지는 속도에 가속도가 붙기 시작했다. 마르코 피셔와 관련된 기사가 갑자기 스위스에서 가장 큰 온라인 신문에 게재되더니 나중에는 가장 큰 종이 신문에까지 실렸다. 그리고 나서 그는 텔레비전 방송에 보도되었고, 독일 방송에까지 등장했다. 일반적인 경우라면 정치인에게 더할 나위 없이 좋은 일이었으나, 이 경우에는 사람들의 평이 부정적이고, 회의적이었으며, 대놓고 공격적인 경우가 많았다.

선거 직전에 동영상은 더 빠른 속도로 확산되기 시작했으나, 실제 선거 결과에까지 영향을 미치기에는 시간이 너무 부족했던 것 같다. 마르코 피셔의 동영상은 유튜브에서 20만 번의 조회수를 기록했다. 7만의 인구를 가진 도시에 출마한 것을 고려하면 선거 캠페인치고는 괜찮은 성적이었다.

많은 사람들은 대중 앞에서 자신 있게 연설도 못하는 사람을 도대체 왜 선거 캠페인에 내보냈는지 궁금할 것이다. 실제로 다수의 비판적인 댓글은 이런 식으로 전개되었다. "이 사람 도대체 누구야? 하하, 정말 무능한 정치인일 거야!" 사람들은 그의 말솜씨로 이미 그의 능력을 판단했다. 그러나 다시 한 번 생각해보자. 정치인이 실제로 하는 일은 무엇인가? 연설을 하고, 일을 하는 데 자신감이 도움이 되기는 한다. 그러나 실제로 정치인의 역할은 무엇인가?

쟁점을 이해하고, 문제를 인식하며, 해결안을 찾아내고, 경제와 국민을 고려하며, 장기적인 관점에서 사고하여 다수에게 이익이 되는 장기적인 해결안을 찾아내는 것이라고 할 수 있다. 그런데 이와 대중 연설은 무슨 관계가 있는가?

물론 거의 관계가 없다. 대중 연설은 표를 얻게 할 수는 있어도 문제에 대한 해결안을 찾아주지는 못한다. 대중 연설은 일종의 광고 캠페인이라고 할 수 있는데, 이때 광고되는 대상은 무엇인가? 사실 정치인에게 많은 사람들이 환멸을 느끼는 이유가 여기에 있다. 그들은 강력한 연설가나 비평가이기는 하나, 정부에서 하는 일은 이와 전혀 다르다. 따라서 실제로 문제가 되는 것은 마르코 피셔가 얼마나 말을 잘하는가가 아니라 루체른의 문제에 대한 장기적인 해결 방안을 찾을 수 있는가 하는 것이다. 이에 대한 답은 아무도 모른다. 왜냐하면 이러한 질문을 한 사람이 없기 때문이다. 마르코 피셔의 인상은 좋지 않았고, 약했으며, 목소리와 외모가 괴상했다. 그리고 이를 바탕으로 20만 명의 사람들이 그의 능력을 판단했다. 유튜브 동영상을 본 20만 명의 사람들과 댓글을 단 수백 명의 사람들 중에 그의 실제 능력을 언급하거나 질문한 사람은 아무도 없었다. 다시 한 번 극적인 효과를 위해 반복하겠다. 단 한 명도 없었다!

이쯤에서 우리는 다시 의문을 가지게 된다. 약한 인상을 주는 사람에게 과연 투표를 할 수 있을까? 여기서 바로 폭스 팩터의 힘이 나타나는 것을 볼 수 있다. 우리는 실제로 정치인이 강력하고 자신감 있기를 원하나, 그의 의사결정 능력에 대해서는 묻지 않는다. 우리가 받는 인상으로 판단을 내린다. 많은 사람들은 연설을 하는 것이 정치 생활의 일부라고 주장할 것이다. 그리고 어느 정도의 폭스 팩터가 없으면 정치인이 되기는 불가능하다. 맞는 주장이기는 하지만, 부족한 자신감과 폭스 팩터가 언제나 부정적인 영향을 주는 것은 아니다.

앞에서 수전 보일이 노래를 시작하기도 전에 모든 사람들이 그녀가 형편없을 거라고 생각한 것을 기억하라. 심사위원인 아만다 홀든은 우리 모두 교훈을 얻었다고 했으나, 사실은 그렇지 않다. 다수의 스위스 국민, 특히 소장파 사회주의당원들은 수전 보일의 사례를 보면서 배경이나 피부색, 사회적 지위로 사람이 잘못 판단되는 것을 보여주는 놀라운 이야기라고 생각했을 것이다. 그리고 이에 더해 모든 인종이나 성별, 특정 집단에 대해 사람들이 차별하는 것을 금지시킴으로써 이 세계를 바로잡아야겠다고 생각했을 것이다. 그러나 2초 후에 마르코 피셔의 영상을 보았다면 바로 데굴데굴 굴렀을 것이다. 역설적이게도 실제 능력보다 이미지로 사람을 판단하는 것은 성별이나 인종차별과 같은 생각의 함정이라고 할 수 있다.

때때로 이와 같은 함정 때문에 살인을 저지르고도 처벌을 받지 않는 사람들이 생기기도 한다. 지금부터 이러한 사례를 살펴보자.

살인자 폭스

사람의 이미지와 겉모습에 대한 지각이 의사결정에 영향을 미치는 또 다른 사례를 살펴보자. 바로 범죄를 저지른 사람들의 사례이다. 법 앞에서는 모든 사람이 평등하기 때문에 우리는 적어도 범죄와 관련해서는 사람들을 다른 방식으로 판단할까?

오펜하이머 Oppenheimer

줄리어스 로버트 오펜하이머Julius Robert Oppenheimer는 세계 최초로 원자폭탄을 개발한 맨해튼 프로젝트(제2차 세계대전 중 실시된 미국의 원자폭탄 개발 프로그램)의 책임자로 가장 유명하다. 그러나 그가 살인을 시도한 것에 대해서는 많은 사람들이 모른다.

오펜하이머는 1904년 뉴욕에서 유대인 혈통의 독일인 직물 상인의 아들로 태어났다. 영향력 있는 부유한 집안에 태어난 그는 초년에 운이 좋은 편이었다. 교육을 잘 받았고, 매우 명민한 머리를 지녔다. 어릴 때 그는 광물 관찰과 시를 읽고 짓는 것에만 관심이 있다고 말한 적이 있다. 열두 살 즈음에 이미 뉴욕 센트럴 파크의 암반 형성에 대해서 지질학 전문가들과 서신을 교환했다고 한다. 얼마나 영리한 아이였는지 알 수 있다.

그는 하버드 대학에 입학하여 화학을 전공했고, 3년 만에 최우등으로 졸업했다. 그리고 영국의 케임브리지 대학에서 박사후 과정을 밟았는데, 거기서 노벨상 수상자인 어니스트 러더퍼드Ernest Rutherford 밑에서 연구하기를 원했다. 그러나 오펜하이머는 러더퍼드가 자신을 받아주지 않았다고 말했다.

바로 이 시점으로부터 흥미로운 일이 발생한다. 케임브리지 대학에서 오펜하이머는 심한 우울증을 겪었고, 주위 사람들의 성공에 시기하는 마음을 가졌는데, 특히 그보다 3년 선배이고 그의 지도교수였던 미래의 노벨상 수상자 패트릭 블래킷Patrick Blackett에게 강한 질투심을 느꼈다. 그리하여 1925년 가을 오펜하이머는 화학약품을 첨가한 사과를 블래킷의 책상 위에 올려놓았다. 아마도 실험실에서 구한 청산가리였을 것이다.

대학 당국은 당시 케임브리지를 방문한 오펜하이머의 부모에게 즉시 이 사실을 알렸다. 퓰리처상을 수상한 오펜하이머의 전기『아메리칸 프로메테우스』에는 다음과 같이 기록되어 있다.

그의 아버지는 몹시 흥분하면서 대학에서 그를 고발하지 않도록 막후교

섭을 했다. 그리고 실제로 성공했다. 또한 지속적인 협상 끝에 로버트가 보호관찰을 받으면서 의료기관으로 유명한 런던 할리가의 정신과 의사에게 정기적으로 치료를 받는 것에 합의를 이루어냈다. 한 프로이트 정신분석가는 그에게 현재는 정신분열증이라 불리는 조발성 치매 진단을 내렸고, 더 이상 치료 가능성이 없으며 "추가적인 정신분석은 오히려 해를 미칠 것"이라고 결론 내렸다.

오펜하이머의 친구인 존 에드살에 따르면, 블래킷에 대한 오펜하이머의 감정은 강한 질투심과 결합된 깊은 존경심이었다. 블래킷이 영리하고 잘생겼으며 인간적으로도 매력이 있는 데다가 훌륭한 과학자였기 때문에 질투를 느낀 것이다. 반면에 오펜하이머 자신은 상대적으로 서투르고 신체적인 매력도 없다고 생각했다.

놀랍게도 오펜하이머는 그의 지도교수를 살해하려고 했으나 결국 아무런 처벌도 받지 않았다. 정신과 의사를 방문하고 휴식을 취하는 것으로 사건이 마무리된 것이다. 만일 그가 노동자 계층에 속했거나 아버지의 사회적 지위가 높지 않았다 해도 결과가 마찬가지였을까? 분명 그렇지 않았을 것이다. 그와 그의 아버지는 교육을 많이 받았고, 유창하게 자신의 입장을 설파했기 때문에 설득력이 있었다. 실제로 오펜하이머의 어머니는 티 없이 깔끔한 예의와 복장을 갖춘 자신의 남편에 대해 다음과 같이 말했다. "최대한으로 확신을 불러일으키는 자신만의 방식이 있어서 그것을 원하는 목적을 위해 잘 활용하지요."

이 사례는 교육과 자신의 주장을 펼치는 능력에 초점을 맞추고 있기 때문에 폭스 팩터와 약간 거리가 있는 것으로 보인다. 그러나 여전히 대상에 대한 인상과 느낌을 토대로 실체를 다르게 판단하는 것과 관련되어 있다. 오펜하이머는 우리가 '범죄자'라고 생각하는 사람들의 범주에 속하지 않았다. 그의 아버지는 깔끔한 복장을 했고, 교육을 많이 받았으며, 부유하고, 호감을 주며, 결점 없는 태도를 보였다. 그는 분명 매우 설득력이 있었을 것이다. 그리고 이것은 오펜하이머가 사람을 죽이려는 살인미수를 저지르고도 처벌을 받지 않을 수 있다는 것을 의미했다.

그러나 이야기는 여기서 끝나지 않는다. 얼마 지나지 않아 파리로 가서 휴식을 취하려고 할 때 오펜하이머의 친구였던 프란시스 퍼거슨이 방문했다. 퍼거슨이 오펜하이머를 위로하고자 방문했다는 것을 고려하면 이야기는 더 흥미로워진다. 방문 당시 퍼거슨은 오펜하이머에게 연인과 약혼했다고 언급했다. 그러자 『아메리칸 프로테우스』[20]에 의하면 오펜하이머는 두 번째로 살인을 시도했다. 퍼거슨은 다음과 같이 회상했다. "내가 책을 집으려고 몸을 숙였을 때 그가 갑자기 뒤에서 신발 끈으로 내 목을 감았다. 그러나 나는 옆으로 벗어날 수 있었고, 그는 넘어져서 울고 있었다." 분명 오펜하이머는 불안정한 상태의 징후를 보였다. 그러나 퍼거슨 또한 오펜하이머를 용서했고, 그는 기소당하지 않았다.

1926년 오펜하이머는 케임브리지 대학을 떠나 독일에 있는 괴팅겐 대학으로 갔고, 거기서 1927년에 물리학 박사 학위를 취득했다. 그리고 나머지는 역사가 되었다. 그렇다면 살인을 저지른 또 다른 유명 인사가 있을까?

오제이 심슨 O. J. Simpson

1994년 7월 17일 저녁 7시쯤 흰색 포드 브론코 한 대가 캘리포니아 405번 고속도로 위를 질주했다. 그 차는 헬리콥터 스무 대와 경찰차 수십 대의 추격을 받고 있었다. 사람들은 거리 위에 줄지어 그 차에 함성을 보냈다. 이 장면은 텔레비전에 생방송으로 중계되었고, 정규 방송이 중단되어 9500만 명이 이를 시청했다.

오제이 심슨은 차 안에 앉아 있고, 그의 친구 알 카울링스가 운전을 했다. 카울링스는 심슨이 머리에 총을 겨누고 있다고 경찰에 알렸다. 그날 오후 심슨은 자수하여 두 명을 살인한 죄로 기소되었다. 그의 친구와 변호사는 대중매체에 그가 작성한 두서없는 편지를 공개했다. 그 편지에는 "너무 안타까워하지 마라. 나는 멋진 삶을 살았다"와 같은 문장이 있었기 때문에 많은 사람들은 그것을 자살하기 전에 남긴 유서로 생각했다.

추격전은 저녁 8시쯤 심슨의 집 근처에서 끝났고, 그는 체포되기 직전 집에 들어가 어머니와 대화할 수 있는 기회까지 가졌다. 경찰은 자동차 안에서 현금 8000달러와 갈아입을 옷, 장전된 357매그넘 권총, 여권, 가족사진, 가짜 수염 등을 찾았다. 몹시 수상하다고 볼 수밖에 없는 물건들이다. 그런데 심슨은 장전된 권총을 소지하고 있었고, 운전을 했던 카울링스는 경찰과 오랜 추격전을 펼쳤으나, 이와 관련해서 그들에게 어떠한 처벌도 주어지지 않았다. 텔레비전으로 중계되어 수백만 명이 두 눈으로 똑똑히 지켜보았음에도 이런 일이 일어난 것이다!

'세기의 재판'이라 불리며 미국 역사상 가장 널리 알려진 재판은 이렇게 시작되었다. 이 재판은 여러 매체에서 대대적으로 다루었고, 장장 9개월에 걸쳐서 진행되었다. 심슨은 결국 1995년 무죄를 선고받았다.

재판이나 증거, 판결의 옳고 그름을 떠나서 이 사건에 흥미로운 점이 있다. 심슨이 실제로 결백한지, 또는 정의가 제대로 행해졌는지에 대해서 사람들 사이에 의견이 확연히 엇갈렸다는 것이다. 백인의 87퍼센트가 심슨이 유죄라고 생각한 반면, 흑인은 유죄라고 생각한 사람이 27퍼센트에 불과했다. 정말 엄청난 차이라고 할 수 있다. 모든 사람들이 같은 증거를 접했다. 심슨이 아내를 폭행했고, 그가 체포되기 전에 매우 수상한 반응을 보인 것을 모두 알고 있었는데도 견해 차이가 이렇게 크게 나타났다. 여기서 폭스 팩터와 관련해서 애기하고자 하는 것은 만일 심슨이 전과 기록이 있는 평범한 흑인이거나 잘 알려져 있지 않은 라틴계 남성, 혹은 백인이었더라도 사람들의 견해가 이렇게 엇갈렸을까 하는 것이다. 당신은 어떻게 생각하는가? 아마도 사람들의 반응은 전혀 달랐을 것이다.

오제이 심슨이 평범한 흑인이 아니라 유명 인사였다는 사실, 그것도 단순한 스포츠 스타나 흑인 사이에서만 유명한 사람이 아니었다는 사실을 기억하기 바란다. 그는 미식축구 명예의 전당에 오른 사람으로, 한 시즌에 2000미터 이상을 달린 최초의 선수였다. 게다가 그는 선수 시절에도 텔레비전과 할리우드 영화에 출연하면서 성공적으로 연기자 생활을 시작했다.

심슨은 유명 인사였고, 그의 전 부인 니콜 브라운과 그녀의 친구 로널드 골드먼을 살해한 혐의로 기소되었다. 그는 이전에도 니콜을 폭행하여 신고당한 적이 있었고, 경찰로부터 도망쳤으며, 법정에서는 강력한 증거로 그의 DNA가 제시되었다. 그런데도 많은 사람들이 그가 결백하다고 생각했고, 인종에 따라서 견해가 심하게 엇갈렸다.

인종에 따라서 견해 차이가 난 것은 우리가 정보를 서로 다르게 처리하고 있음을 보여준다. 정보는 동일한 정보가 아니고, 살인은 동일한 살인이 아니다. 유명 인사를 처형하는 것은 평범한 범죄자를 처형하는 것보다 확실히 어렵다. 유명 인사라는 개념은 대중과 유대 관계를 형성했음을 의미한다. 그리고 심슨의 경우에는 특히 흑인과의 유대 관계가 분명히 더 강했다. 백인 경찰에 대한 불신과 더불어 이러한 요인들

다정하고 상냥해 보이는 사람에게서
살인을 저지르는 모습을 상상하기란 어렵다.

이 판결에 대한 인식의 차이에 강력한 영향을 미쳤을 가능성이 높다.

폭스 박사와 마찬가지로 심슨은 강력한 배경을 지닌 데다가 대중이 선호하는, 특히 특정 집단에서 더 선호하는 대상이었다. 그는 다정하고 상냥해보였기 때문에 분노를 느끼면서 살인을 저지르는 모습을 상상하기가 어려웠다. 폭스 팩터라는 것은 간단히 말해 실체보다 이미지, 또는 사실보다 이미지가 우선한다는 의미이다. 여기서 우리는 특정 집단의 사람들 인식에 폭스 팩터가 영향을 미치는 사례를 다루고 있다. 심슨이 살인을 저질렀을 것이라고, 또는 저지를 수 있다고 생각하는지, 유명 인사가 처형되어야 한다고 생각하는지에 폭스 팩터는 영향을 미쳤다. 특히 유명 인사에게 사형선고를 내리기란 무척 힘든 일이다. 만일 심슨이 가난한 흑인이나 라틴계 남성, 혹은 백인이었다면 제시된 증거만으로 눈을 깜빡거리기도 전에 유죄를 선고받았을 것이다. 그러나 그의 명성과 변호사, 각종 보도, 배경, 이미지, 그리고 그의 부 때문에 재판은 9개월에 걸쳐서 이루어졌고, 재판 기간 내내 그에 대한 뉴스가 헤드라인을 장식했다. 그리고 1995년 10월 3일 미국 인구의 절반이 텔레비전을 통해 판결을 생중계로 지켜보았다.

이후 심슨은 민사 소송에서 '불법행위에 의한 사망'을 일으킨 죄로 기소되었고, 니콜 브라운의 가족은 보상금으로 3350만 달러를 받았다.

이야기는 여기서 끝나지 않는다. 심슨은 재판에 소요된 비용으로 파산했고, 다시 법정의 주목을 받게 되었다. 2007년 심슨은 라스베이거스에서 무장강도죄로 기소되어 유죄 선고를 받았다. 절망에 빠져서 저지른 기이한 사건이라고 할 수 있다. 그는 이후 33년의 징역형을 선고받았는데, 이때는 대중매체에 의해 널리 보도되지도 않았고, 인종에 따른 의견 차이도 없었다. 심슨의 변호사들은 현재 상소를 준비하고 있으나 아직까지는 성과가 없다.

마침내 정의가 행해졌다고 할 수 있는가? 각자의 판단에 맡기겠다. 그러나 그 판단도 왜곡될 수 있다는 것을 기억하기 바란다.

지금부터는 우리 사회에서 일반 대중을 그 누구보다도 많이 죽이는 사람들에 대한 이야기를 시작해보자.

병원에서 경험하는 폭스 팩터

의사가 당신을 오진했다고 상상해보라. 당연히 정신적으로 충격을 받았고, 자신이 곧 죽을 것이라 생각했다. 수개월 동안 고통스러운 치료를 받으면서 당신 인생은 뒤죽박죽이 되었는데, 모두 실수였다고 한다. 의사의 오진이었고 당신은 중병을 앓고 있지 않다. 정상적인 삶을 살 수 있는 것이다. 처음에는 중병이 아니라는 사실에 아마도 안도감을 느낄 것이다. 그러나 곧 분노와 불만의 감정이 치솟을 것이다. 그동안의 정신적 외상과 고통, 낭비한 시간, 포기한 직장을 생각하면 이에 대해 보상을 받고 싶을 것이다. 그렇다면 당신은 당연히 의사를 고소해야 한다.

그런데 정말 당연히 그렇게 할까? 누군가는 고소를 하겠지만 의사를 고소할 것인가의 여부는 다른 요인에 의해 결정된다. 얼마나 그를 좋아하는가 하는 것이다. 매우 간단하다.

말콤 글래드웰은 앞에서도 언급한 그의 저서 『블링크』(우리 머릿속의 무의식적인 과정을 알고 싶다면 읽어볼 만한 책이다)에서 의료사고와 관련된 소송을 분석해보면 능력이 있는데도 자주 고소를 당하는 의사와 실수를 자주 저지르지만 고소를 많이 당하지 않는 의사가 있다고 한다. 왜 이러한 현상이 발생할까? 분명히 의사가 실수를 저지르는 것이 고소의 원인은 아닐 것이다. 결국 대인관계가 원인이라고 할 수 있다. 『블링크』에는 의료사고 변호사인 앨리스 버킹Alice Burking의 말이 다음과 같이 인용되어 있다. "지금까지 수년간 영업을 해오는 동안 자신의 의사가 좋다고 이야기하면서 그래도 고소를 하겠다고 말하는 고객은 접해본 적이 없다."

그녀는 전문의가 아니라 주치의에게 잘못이 있다고 고객에게 알려줄 수 있다. 그러나 고객들은 종종 주치의와의 강한 유대 관계 때문에 비록 주치의에게 잘못이 있다는 명백한 증거가 있다 해도 기필코 고소하지 않으려 한다.

이러한 현상은 웬디 레빈슨Wendy Levinson의 연구에서도 발견되는데, 이 연구에서는 실제로 이에 영향을 미치는 요인을 밝히고 있다. 그녀는 환자와 시간을 적게 보내는 의사들이 더 자주 고소당한다는 사실을 발견했다. 그런데 더 흥미로운 점은 단순히 양적인 시간이 아니라 어떤 유형의 대화를 나누는가도 영향을 미친다는 것이다. 고소를 덜 당하는 의사들은 과정에 대해서 계속 안내를 해주는 대화를 했다. 예를 들어 "먼저 제가 검진을 하고 나서 그 문제를 논의하도록 하겠습니다"와 같이 이야기하고, 훨씬 더 환자의 말을 잘 경청했다. 고소를 덜 당하는 의사들은 호감을 주고, 정서적으로 환자와 더 강한 교감을 나누었다. 그들은 실제로 환자에게 관심이 있어 보였다. 의사들은 이러한 점을 명심할 필요가 있다.

그러나 다시 실체보다 이미지가 우선한다는 폭스 팩터에 대해서 이야기해보자. 여기서 우리는 의사의 실제 능력을 판단하는 것이 아니라, 자신과 타인의 감정을 효과적으로 인식하고 조절할 수 있는 감성 지능으로 의사의 능력을 판단한다. 폭스 팩터는 우리의 의사결정과 신뢰, 담당 의사를 선택하는 능력에 영향을 미치기도 하지만 그 힘은 이보다 더 강력할 수도 있다. 폭스 팩터는 '폭스'인 사람의 말에 지나치게 의미를 부여하게 한다. 흰 옷을 입은 의사 앞에서 혈압을 측정하는 경우, 긴장하여 혈압이 더 높게 나타나는 현상에서 비롯된 백의 효과에 대하여 말하는 것이다. 어떤 사람들은 의사의 말에 매우 크게 의미를 부여하고, 그것이 전적으로 옳다고 생각한다. 그러나 역설적이게도 미국에서 사람들이 사망하는 가장 큰 원인 중 하나가 바로 의사의 오진이다.

자료에 따르면 미국인의 사망 원인 중 세 번째를 차지하는 것이 의

원성 질환이다. 스타필드Starfield 박사는 의원성 질환Iatrogenic disease에 의
해 한 해 동안 25만 명의 사람들이 사망한다고 《미국의학협회저널》[21]
을 통해 보고했다. 의원성 질환은 의사의 활동이나 태도, 치료법 때문
에 발생하는 질환을 가리키며, 치료 과정상의 문제와 주로 관련이 있다.

그런데도 우리 모두는 의사를 믿고, 심각한 질환이 생기면 바로 의
사에게 달려간다. 오진이나 부주의한 치료로 사망에 이를 수 있는데도
말이다. 의사들을 폄하하려는 의도는 아니다. 그들이 수행하는 업무는
매우 힘들고 복잡하며, 대다수의 의사는 높은 수준의 윤리 의식을 가
지고 일을 한다.

의사가 하는 말은 다른 사람의 말보다 더 중요하게 여겨진다. 혹은
앞에서 말했듯이 의사가 말하는 방식 때문에 중요하게 여겨질 수도 있
다. 아마도 플라세보 효과에 대해서 들어본 적이 있을 것이다. 환자가
치료 성분이 전혀 없는 알약, 즉 플라세보를 복용해도 증상이 호전되는
현상을 말한다. 우리는 흔히 "플라세보 효과일 뿐이야"라고 하면서 이
를 무시하지만 그 중요성을 과소평가하고 있다. 실제로 플라세보 효과
는 전 세계 질환 중 30퍼센트를 치료할 수 있을 정도로 강력하다. 전 세
계 질환의 1퍼센트를 치료할 수 있는 약만 찾더라도 제약 회사들은 황
홀해할 것이다. 우리는 '플라세보'라는 강력한 치료제를 손에 쥐고 있
으면서 그 효과를 과소평가하는 것이다.

연구에 따르면 암과 같은 특정 질병에서는 플라세보 효과가 나타

나지 않는다. 그러나 통증을 치료하는 데는 플라세보가 여전히 강력한 효과를 지닌다. 실제로 뇌와 심리학 연구에 의하면 통증은 일종의 감정 상태로, 주의를 다른 곳에 두는 것만으로도 통증의 지각은 영향을 받는다. 따라서 플라세보가 통증을 치료하는 데 효과가 있는 것은 당연하다고 할 수 있다.

플라세보 효과와 반대인 노세보 효과도 있다. 플라세보를 주었을 때 환자의 증상이 오히려 악화되거나 부작용이 나타나는 현상을 말한다. 이 또한 정신이 우리의 신체와 감정을 장악할 수 있다는 것을 보여준다.

플라세보 효과는 매우 강력해서 의학 연구 과정에서 늘 활용된다. 이러한 연구에서는 약을 투여하는 집단과 플라세보를 받는 집단이 비교된다. 이중맹검법을 사용하는 연구에서는 약을 처방하는 사람의 영향을 받지 않게 하려고 연구를 실시하는 사람에게도 플라세보와 실제 약 중 어떤 것을 사용하는지 알려주지 않는다.

의학 연구 이외에도 과학 실험에 영향을 미치는 효과가 많이 있다. 예를 들어 호손 효과는 연구의 대상이라는 이유만으로 참여자가 행동을 바꾸는 현상을 말한다. 그리고 관찰자 기대 효과는 연구자의 인지적 편견이 연구 참여자에게까지 영향을 미치는 현상을 말한다. 이와 같은 이유로 이중맹검법이 사용된다. 토마스 정리는 상황에 대한 해석이 행동을 유발하여 실현되는 현상을 가리키며, 자기충족예언이라 불리기도 한다.

부족 문화에서의 주술사도 생각해볼 수 있다. 주술사의 말은 개인에게 강력한 영향을 미친다. 심지어 주술사가 죽을 것이라고 말해서 부족의 일원이 실제로 죽은 사례가 보고되기도 한다. 주술사의 말에 너무 크게 중요성을 부여한 나머지 신체 기능이 실제로 멈춘 것이다. 서구 세계에서는 상상하기 힘든 일이지만, 특정한 사람의 말을 더 중요하게 생각한다는 점에서는 비슷하다. 암이 발견되었을 때 이전보다 일곱 배나 더 빨리 암세포가 퍼진다는 보고도 있다.

'암'이라는 단어가 질병 자체보다 더 강력한 것일까? 의사의 말이 우리를 더 병들게 하는 것일까? 나는 그렇다고 생각한다. 우리는 의사의 진단에 지나치게 의미를 부여하여 실제로 병을 앓게 된다.

의사들을 비판하고자 하는 것은 아니다. 앞에서 말했듯이 그들은 높은 수준의 윤리 의식을 가졌고, 막대한 양의 정보와 복잡하고 유사한 증상들, 그리고 다양한 환자들을 매일 접한다. 내가 말하고자 하는 것은 모든 의료 훈련 프로그램에 소통이 기본적이고 핵심적인 요소로 포함되어야 한다는 것이다.

이것이 폭스 팩터와 어떠한 관련이 있는지 궁금할 것이다. 폭스 팩터는 단순하게 제시될 수 있는 한 가지 효과가 아니라 우리의 의사결정 과정, 특히 사람과 정보에 우리가 부여하는 중요도에 영향을 미치는 심리적 효과들을 모두 통틀어서 언급하는 것이다. 앞에서 살펴본 플라세보와 노세보 효과 등이 이 점을 잘 보여준다. 아픔을 느끼는 것에까지 영향을 미치는, 우리의 정신이 무의식적으로 작용하는 과정을 보여준다. 사실 이러한 현상에 대해서 학계에서는 연구가 잘 되어 있으며, 마음과 지각을 포함한 다양한 미세 자극들이 우리의 견해와 행동에 어떻게 영향을 미치는지, 그리고 우리의 신체가 어떻게 스스로를 치료하는지 보여준다.

관찰자 기대 효과와 같은 심리적 효과는 우리가 어떻게 관찰자의 미세한 자극에 영향을 받는지 보여준다. 만일 실험에서 관찰자가 우리의 사고와 견해, 치료에 대한 반응에 영향을 미칠 수 있다면 일상생활 속에서도 강력한 개인이 우리가 정보를 처리하는 과정에 확실히 영향을 미칠 수 있을 것이다. 더욱이 일반적으로 사람들이 인식하는 의사의 지위, 지식과 신분 때문에 의사의 말은 더욱더 강한 영향력을 가진다. 이것이 폭스 팩터가 작용하는 방식이다.

폭스 팩터는 우리를 병들게 하거나 죽음에 이르게 하는 경우에는 하나의 저주이고, 강력한 개인의 말이 큰 위안과 마음의 평화를 주고 우리를 치료하는 경우에는 축복이다.

무의식중에 일어나는 차별

폭스 양 Ms. Fox

폭스 양은 회의실에 자신 있게 등장하여 이사들 앞에서 프레젠테이션을 시작했다. 그녀는 적절한 사례와 신중한 어휘 선택으로 완벽하고 성공적인 발표를 마쳤다. 이사들이 자신의 제안을 받아들일 수밖에 없을 것이라고 확신하면서 그녀는 자리에 앉았다.

의장이 그녀에게 감사를 표하고, 다른 남성 이사들도 정중하게 고개를 끄덕였다. 그러고 나서 토론이 시작되었다. 그런데 그녀의 제안이 생각했던 것처럼 완벽하지 않았던 것 같았다. 이사들은 그녀가 전달한 내용에 만족스러워하지 않았다. 폭스 양은 실망감으로 불안정해지기 시작하고, 결국 회의실을 나가면서 어떻게 해야 이 늙다리들에게 상식적인 내용을 납득시킬 수 있을지 의아해했다. 그녀가 나가고 난 후 이사들은 다시 논의를 했다. 그녀의 발표가 그렇게 설득력 있지도 않았고, 태도도 약간 거만했다고 이야기했다. 그녀의 제안에 대한 논의가 다시 이루어지고, 의장이 "그러면 이렇게 하는 것이 어떨까요?"라고 말하자, 모두 그를 쳐다보았다. 의장의 견해를 들은 후 그들은 고개를 끄덕이면서 "맞아요. 바로 그것이 해결책이군요"라고 말했다. 그리고 좋은 해결안을 찾은 것에 모두 만족스러워했다. 그러나 이사들 중 누구도 30분 전에 폭스 양이 그와 똑같은 제안을 했다는 사실을 알아차리지 못했다. 단 한 명도 이것을 눈치 채지 못했다.

이 책을 읽는 여성들은 아마도 이와 유사한 상황을 경험해보았을 것이다. 기업 임원인 한 여성은 다음과 같이 말했다. "제 아이디어가 확실하게 논의되도록 철저히 준비해야만 남성들이 그것을 논의하기 시작합니다. 그런데 논의한 끝에는 결국 그들이 스스로 아이디어를 생각해냈다고 하죠."세계에서 가장 큰 다국적 기업 중 한 곳에서 근무하는 한 여성 이사는 어차피 이사들이 남성에게 더 귀를 기울일 것이기 때문에 이사회 때 그들에게 먼저 의견을 제시하도록 청한다고 했다. 다국적 기업에서 근무하는 또 다른 여성 임원은 자신의 회사에서 임원을 선출하고자 한 여성을 면접했을 때 남성 임원이 첫 번째로 한 말이 "패션 감각이 끔찍하군요"였다고 했다. 내가 아는 기업의 남성 임원 중에서도 패션 감각이 끔찍한 사람들이 다수 있다. 그런데 만일 임원 선출을 위해 남성을 면접할 때에도 이러한 내용의 대화가 오갈까? 아마도 그럴 가능성은 매우 낮을 것이다.

우리는 여성 기업인과 관련하여 유리천장 효과를 이야기한다. 여성은 특정 직위 이상으로 승진할 수 없다는 것인데, 이에 대한 해결책은 아직 찾지 못했다. 어떤 사람들은 다수의 늙다리 경영진이 함께 골프를 치거나 동문들에 대한 수다를 떨려고 남성을 선출하기 때문에 이러한 현상이 일어난다고 본다. 이것이 부분적으로는 사실일지 모르나, 좀 더 그럴듯한 설명은 폭스 팩터로 가능하다. 우리의 마음을 미세하게 왜곡하고, 입증하거나 부정하기 어려운 수준의 보이지 않는 장애물을 만들어내는 무의식적인 의사결정 과정 때문에 이러한 현상이 발생하는 것이다.

흔히 여성을 판단할 때는 차별을 하고, 말 또한 남성의 말과 같은 무게로 받아들이지 않는다. 여성이 이야기할 때에는 받아들이지 않았던 말을 30분 후에 남성이 그대로 이야기하면 사람들은 경청하기 시작한다. 여기서도 폭스 팩터가 작용한다. 당신이 여성이기 때문에 당신의 메시지가 강하게 전달되지 않는 것이다. 남성들이 일부러 악의적으로 성차별을 하기 때문이 아니라 우리 뇌에서 정보를 차별적으로 처리하기 때문이다. 따라서 다음 장에서 우리 모두와 관련 있는 무의식적인 과정을 이야기할 때 이것이 성차별 문제에 주는 의미도 함께 생각해보기 바란다.

이제 편견이 작용하는 또 다른 사례를 살펴보자. 이는 공공연하게 드러나는 편견이 아니라 실제 생활에서 우리의 판단에 영향을 미치고, 왜곡된 의사결정을 하도록 하는 미묘한 무의식적인 과정의 형태로 나타난다.

자말 폭스 Jamal Fox

자말 폭스는 대기실에서 초조하게 기다리고 있다. 그는 취업 면접을 앞두고 있다. 괜찮은 직장이고, 경력상 다음 단계로 나아갈 수 있는 좋은 기회이다. 자말은 수년간 열심히 공부했고, 영리한 청년이다. 근면하고 성실하며 지능도 높다. 사실 자말 폭스는 내가 만들어낸 가상의 인물이다. 그런데 현실에서 자말은 좋은 직장을 구할 가능성이 매우 낮다. 그가 근면하고 성실하며 지능과 감성 지능이 매우 높더라도 말이다.

2003년에 메사추세츠 대학의 버트런드[Bertrand]와 물라이나산[Mullaina-than][22]은 논문 작성을 위해 현장 실험을 실시했다. 이 실험에서 그들은 미국의 두 주요 일간지의 구인 광고를 보고 5000개의 가상 이력서를 보냈다. 이력서 내용은 모두 동일했고, 성명만 앵글로 색슨계 백인(브랜드 베이커)이나 흑인(자말 존스)인 것처럼 지어냈다. 실험 결과 이력서에 백인인 것 같은 이름을 사용한 경우 면접 응시를 위해 연락받을 가능성이 50퍼센트 더 높았다.

영국에서 실시된 세 가지의 연구[23]에서는 채용 지원서에 아시아인과 서부 인도인, 앵글로색슨계 백인의 이름을 사용했을 때 선발 과정에서 의미 있는 차이가 나타났다. 즉 인종 집단 간에 고용 차별을 경험하는 정도가 서로 다르게 나타난 것이다.

폭스 양의 사례에서 언급한 성차별의 경우도 이와 유사하다고 할 수 있다. 그리하여 유럽노동조건연구소에서는 채용 지원서에 익명을 사용하게 할 것을 권장한다. 이 연구소가 스웨덴의 괴텐부르크에서 실시한 연구[24]에 따르면 채용 지원서에 익명을 사용했을 때 여성과 이주자가 면접에 응시할 가능성이 더 높아진다. 그러나 이주자가 직업을 구할 수 있는 가능성은 여전히 낮다.

따라서 자말의 경우 문제는 그의 이름에 있는 것이다. 폭스 양의 사례가 악의적인 성차별 때문에 발생하는 문제가 아닌 것처럼 자말 폭스의 사례도 악의적인 인종차별 때문에 발생하는 문제가 아니다. 다만 우리가 무의식적으로 정보를 처리하기 때문에 나타나는 문제이다. 이사회의 남성들이 폭스 양에게 확신을 느끼지 못하고, 그녀의 이야기를 듣고자 일부러 노력을 기울여야만 했던 것처럼 사람들은 이름과 배경이 주는 인상을 바탕으로 자말을 판단할 것이다. 그의 이름이 이미 무의식적으로 정보를 제공하여 편견이 작용하고 있다는 사실을 실제로 의식하지 못한 채 그의 말을 듣게 될 것이다. 면접관은 자말이 자리에 적합한 사람인지 알아내고자 분명히 진심으로 노력할 것이다. 그러나 그의 무의식은 이미 자말에게 대항하고 있을 것이다. 이것은 자말을 위해서나 회사를 위해서나 불행한 일이다.

우리 마음속에서 어떤 일이 일어나고 있는지 더 알고 싶다면 이 책을 계속 읽어주기 바란다. 지금부터는 핵심적인 부분으로 다가가서 매번 기회가 있을 때마다 무의식적인 과정이 어떻게 마음을 흔들고 잘못된 길로 인도하는지 알아볼 것이다.

- 동일한 실력과 능력을 가지고 있어도 이미지와 지위의 힘에 의해 사람들의 평가가 달라진다.

- 자신감 있는 태도와 힘 있는 목소리 같은 사소한 변화만으로도 평가가 달라진다.

- 종종 실체보다 이미지나 인상에 이끌려 왜곡된 판단을 하기도 한다.

- 가짜 박사의 엉터리 강연에 청중이 몰입하고 만족해한 것이나, 폴 포츠와 수전 보일의 겉모습에 실망하여 아무도 그들의 실력을 기대하지 않았던 것은 이러한 사실을 증명하는 사례다.

- 우리 일상에서 매일같이 반복되는 이러한 현상에 대해 주목해야 한다. 왜 이런 일이 일어나는지, 어떻게 하면 우리 삶에 유용하게 적용할 수 있을지 생각해보아야 한다.

- 폭스 팩터는 우리 삶 전반에서 엄청난 영향을 미치고 있고, 누구도 그 영향권에서 멀어질 수 없다. 또한 이것은 곧 성공과도 관계가 있다.

- 우리 마음속에 폭스 팩터가 정보들을 편파적으로 걸러내고 있다! 이로 인해 인생의 반을 모른 채 지나가고 있는 것이다.

2부

무의식을 조종하는 현대인의 마법

폭스 팩터가 우리 뇌에 미치는 영향

원숭이들에게 화폐의 가치를 알게 하자
그들은 가장 강한 원숭이의 사진과 발정 난 암컷 원숭이의 생식기 사진을 보기 위해 돈을 지불했다!

똑똑한 뇌, 게으른 뇌

우리 마음은 놀랍다. 또한 믿을 수 없을 정도로 강력하다. 1초도 안 되는 시간 동안 방대한 양의 정보를 처리할 수 있으며, 대체로 의식적인 노력 없이도 기능을 수행할 수 있다. 정말이지 놀랍다고 할 수밖에 없다. 이 놀라운 뇌가 왜 무의식적 판단을 좋아하는지 살펴보자.

경제적인 뇌 활동

우리는 수천억 개의 뉴런, 즉 뇌세포를 가지고 있고, 이 세포들은 수백 조 개의 시냅스로 연결되어 있다. 뉴런과 시냅스는 놀라울 정도로 복잡한 생물학적 연락망을 형성하고, 이것이 컴퓨터 회로처럼 신경 회로를 형성해 서로 접속함으로써 우리가 사고의 과정으로 해석하는 전기신호로 전달된다. 그런데 뇌세포가 생물학적으로 연결되기 시작하는 첫 순간부터 사고의 과정을 더 간소화하고자, 즉 지름길에 해당하는 과정을 만들고자 뇌세포 사이의 연결점과 유사성, 패턴이 검색된다. 이렇게 하는 것이 훨씬 경제적이기 때문에, 다시 말해서 최소의 노력으로 더 빠르고 간편하게 결정을 내릴 수 있기 때문에 바람직한 일이라고 할 수 있다. 그러나 이로 인해 우리의 뇌는 더 쉽게 실수를 저지르게 된다.

실제로 우리 뇌는 몇 가지 잘못된 습관을 가지고 있어서 다루기가 힘들다. 뇌는 우리를 잘못된 방향으로 이끌기도 하고, 별것 아닌 일에도 흥분하게 만들며, 초콜릿 같이 단순한 것에 빠지게도 하고, 우리가 전혀 알지 못하는 사이에 결정을 내려버리기도 한다. 그러나 다행히 뇌에는 이성적 사고와 탐구를 가능하게 하는 부분도 있어서 우리는 두개골 안에 보호되어 있는 부드러운 뇌 덩어리에 대해 연구할 수 있을 정도로 통찰력을 갖추게 되었다. 이는 우리가 어느 정도는 명료하게 우리 머릿속에서 일어나는 일을 이해하고, 그 원인을 확인할 수 있다는 것을 의미한다. 물론 모든 신경과학자는 뇌가 놀라울 정도로 복잡하고, 다양한 연결과 화학물질, 그리고 원인과 결과가 복잡하게 엉켜 있기 때문에 뇌에서 발생하는 일의 극히 일부만 우리가 알 수 있다는 사실을 지적할 것이다. 그러나 원인을 아는 것과 그것을 바로 잡는 것은 상관관계가 전혀 없다. 이것은 임원 코치로서의 내 일상 업무와도 직접적으로 관련이 있고, 기업 내의 많은 훈련 과정의 문제점과도 관련이 있다. 사람들이 무엇인가 알도록 하는 것은 바람직한 일이지만 무엇인가를 직접 수행하게 하는 것과는 상관관계가 없을 수도 있다.

따라서 무의식적 정보처리의 다양한 요소를 살펴보기 전에 큰 그림의 몇 가지 전제를 내세우고 싶다.

우리 뇌는 놀라울 만큼 방대한 양의 정보를 무의식중에 처리한다.
그래서 종종 실수를 저지르기도 한다.

우리는 선천적으로 게으르다. 우리 신체에 기본적으로 내장되어 있는 기능 중 하나는 에너지를 보존하는 것이다. 이렇게 함으로써 우리는 자원을 효율적으로 활용하고, 비상 상황에 대비하여 에너지원을 아낄 수 있다. 이러한 에너지 보존은 일상생활에서 시사해주는 바가 많지만 여기서는 다루지 않겠다. 다만 뇌와 의사결정의 관점에서 보았을 때 이것이 의미하는 것은 우리 뇌가 능동적으로 사고하지 않고 무의식적으로 작동하기를 좋아한다는 것이다. 뇌는 언제나 더 단순한 해결안을 찾고, 그것을 더 단순한 형태로 제시하고자 한다.

문제 해결이나 학습을 위해 사용하며 경험에 기반을 둔 기법을 '발견법'이라 부르는데, 거의 모든 일을 할 때 우리는 이 방법을 사용한다. 발견법을 통해서 '연합'이 형성되는데, 심리학에서는 어떤 자극의 경험이 다른 자극과 연결되었을 때 그 두 자극이 연합되었다고 한다. 예를 들어 사자와 위험한 것이 연합되면 우리는 어떤 사자를 보았을 때 매번 분석을 하거나 의사결정 과정을 거칠 필요 없이 그것이 위험하다는 것을 바로 알 수 있다. 효율적이고 대체로 효과적인 방법이다. 그런데 석기시대에는 이 방법이 잘 통했을지 모르나, 현대사회에서는 다양한 문제를 일으킬 수 있다. 우리가 의식적으로 분석해야만 하는 다른 유형의 위험과 다양한 상황들이 존재하는데, 이에 대해 무의식적으로 판단을 내리게 되기 때문이다.

뇌에 관한 불편한 진실

지금부터는 우리 뇌 속에서 어떤 일이 일어나고, 뇌가 어떻게 정보를 처리하며, 우리의 견해와 의사결정에 어떻게 영향을 미치는지, 궁극적으로 폭스 팩터에 어떻게 영향을 미치는지 살펴볼 것이다. 다양한 자극에 의해 판단이 얼마나 쉽게 왜곡되는지, 그리고 왜 우리는 이것을 알아차리지 못하고, 이 과정을 간파하기가 왜 그렇게 어려운지도 알아볼 것이다.

의식의 한계

두뇌에 입력되는 모든 정보는 걸러진다. 우리가 생각을 하기도 전에 이미 정보가 걸러지는 것이다. 뇌는 입력되는 정보를 조사하고, 경험과 연합을 토대로 그 정보의 어떤 특성은 더하고 어떤 특성은 무시한다. 충분히 이해할 수 있는 과정이다.

잠시 동안 주위를 둘러보면 무수히 많은 색깔과 사물을 분명히 볼 수 있을 것이다. 그런데 이 중 당신이 실제로 의식하는 것은 몇 개 정도 되는가? 그것들을 의식하는 것 같다고 말할 수는 있어도 실제로 생각

을 하는 것은 아닐 것이다. 더구나 지금은 이 책을 읽고 있기 때문에 어
차피 다른 정보는 대부분 걸러질 것이다. 사실 얼마 후에 당신이 무엇을
읽었는지 기억해내려고 해도 그것조차 불분명할 수 있다.

때로 최면술은 우리가 놀라울 정도로 상세하게 기억해낼 수 있다는
것을 보여주기는 하나, 실제로 우리 의식에 남아 있는 것은 소량의 정
보뿐이다. 우리가 머릿속을 차분하게 하고 소량의 정보에 집중할 수 있
도록 무슨 일인가 활발히 일어나고 있는 것이다. 실제로 내 마음이 방
안을 돌아다니며 모든 사물과 색깔, 냄새를 각각 인지하려고 한다면 책
을 읽을 수 있는 상태가 되기까지 적어도 30분은 걸릴 것이다. 또한 지
적인 생물의 특성인 집중력도 보여줄 수 없을 것이다. 뇌에 입력되는
정보는 대부분 의식에 도달하지 못하고 그 아래의 수준에서 처리된다.
바로 이 점이 흥미로운 부분이다.

말의 영향력

'대화의 영향력'과 같은 주제에 대하여 커뮤니케이션 워크숍을 처음으
로 진행했을 때 다음과 같은 실험을 실시했다.

우선 모든 사람들이 짝을 이루어 선다. 한 사람은 다른 사람의 뒤에
서고, 모두 같은 방향을 바라본다. 앞에 있는 사람은 양팔을 올려서 지
면과 수평이 되게 한다. 뒤에 선 사람은 앞사람의 팔을 아래로 밀어 내

리려고 하고, 앞사람은 팔에 힘을 줘서 내려가지 않게 한다. 우리는 이 실험을 두 번 실시했는데, 한 번은 '약한'이라는 단어를 외치면서, 그리고 한 번은 '강한'이라는 단어를 외치면서 진행했다. 무슨 일이 일어났겠는가?

물론 실험에 참여한 사람들의 상대적인 힘의 차이가 영향을 많이 미쳤지만, '약한'이라는 단어를 외쳤을 때 앞에 있는 사람은 더 짧은 시간 동안 약하게 저항을 한 반면 '강한'이라는 단어를 외쳤을 때 사람들은 더 긴 시간 동안 강하게 저항했다. 이 차이는 워크숍 참가자들이 실제로 느낄 수 있을 정도로 분명했다. 당시 나는 우리가 사용하는 말이 정신적으로뿐만 아니라 신체적으로도 영향을 미칠 수 있다는 사실을 보여주고자 했고, 실험을 통해서 입증되었다. 결국 적합한 단어를 사용하면 우리 신체에 차이가 나타나게 할 수 있는 것이다.

어떤 자극에 대한 노출이 다른 자극에 대한 반응에 영향을 미치는 현상을 말하는 심리학 용어 '프라이밍Priming'은 주로 덜 직접적인 형태의 암시를 다루지만, 다음 두 개의 유명한 실험은 단어와 직접적인 암시를 통한 프라이밍 효과를 보여준다.

한 실험[25]에서는 단어와 신체 행동 간에 상관관계가 나타났다. 학부생들에게 단어 게임에 참여하도록 했는데, 이 게임에서는 빙고, 마이애미 등 노인과 간접적으로 관련이 있는 단어를 사용하게 했다. 미국의 많은 노인들이 빙고 게임을 즐기고, 겨울에도 기온이 따뜻한 마이애미에

은퇴한 노인들이 많이 거주하기 때문이다. 게임을 마치고 피실험자들이 건물 밖으로 걸어 나올 때 본격적인 실험이 시작되었다. 연구자들은 피실험자들이 밖으로 연결되는 긴 통로를 걷는 데 소요되는 시간을 측정했다. 통제 집단의 학생들에게는 노인이나 청년과 관련이 없는 단어를 사용하게 했고, 세 번째 집단의 학생들에게는 청년과 간접적으로 관련된 단어를 사용하게 했다. 결국 이 실험은 단어 게임에서 사용한 단어가 걷는 속도에 영향을 미치고 상관관계가 있는지 알아보려는 실험이었다. 결과는 어떠했을까?

실제로 영향을 미치는 것으로 나타났다. 노인과 관련된 단어를 사용하여 게임을 한 학생들은 중립적인 단어를 사용한 집단에 비해 상당히 느린 속도로 걸었다. 여기서 더욱 놀라운 점은 이 학생들이 단어 게임에서 사용한 단어들이 노인과 직접적으로 관련된 것이 아니라 간접적으로만 연관이 있었다는 사실이다. 여기서 얼마나 효과가 미세한지 알 수 있다. 만일 이 학생들에게 왜 그와 같은 속도로 걷고 있는지 물어본다면 그중 어느 누구도 자신이 걷는 속도가 단어 게임의 영향을 받았다고 생각하지 못할 것이다.

현재는 예일 대학의 사회심리학 교수인 존 바그John Bargh는 뉴욕 대학에서 '예의'를 주제로 같은 실험을 했다. 피실험자는 단어 게임에서 무례하거나 예의와 관련된 단어를 사용했으며, 게임을 마치고 나가면 복도 끝에 있는 교수와 만나 대화를 하도록 했다. 실험을 위해 일부러 교수는 다른 동료와 대화를 나누게 했다. 결국 피실험자가 교수의 대화를 끊고 말을 거는 데 시간이 얼마나 걸리는지 측정하는 실험[26]이었다. 피실험자에게는 교수의 대화를 끊을 수 있는 시간으로 10분이 주어졌다. 단어 게임에서 '무례한' 단어를 사용했던 집단과 '예의 있는' 단어를 사용한 집단 간에 과연 차이가 있었을까? 이것은 수줍음을 쉽게 타는 것과 같은 개인의 인성과 더 관련된 문제가 아닐까?

그러나 두 집단 간에 놀라운 차이가 발생했다. 무례한 단어를 사용한 집단은 교수의 대화를 끊는 데 평균적으로 5분이 걸린 반면, 예의 바른 단어를 사용한 집단의 82퍼센트는 주어진 10분 동안 교수의 대화를 아예 끊지 못했다! 만일 시간을 더 주었더라면 그들은 더 오래 기다렸을 것이다. 놀라운 차이라고 할 수밖에 없다.

이와 같은 현상은 일상생활 속에서 기분, 감정, 인내심, 걷는 속도 등이 주위에서 듣는 단어에 의해 이끌리고 왜곡되며 영향을 받을 수 있다는 것을 보여준다. 그렇다면 늘 전쟁, 범죄, 가난, 기아 등을 다루는 뉴스는 매일매일 우리의 사고에 어떠한 영향을 미칠까? 실제로 행복해지는 방법을 주제로 하는 자기계발서들은 모두 뉴스를 청취하거나 신문을 읽지 말 것을 권장한다. 신문에는 우울한 기사들이 많은데, 그것이 우리 뇌와 삶의 태도에 영향을 미친다. 따라서 더 행복한 삶을 찾는 방법 중 하나는 행복한 내용의 책을 읽는 것이다. 물론 신문과 책이 우리의 유일한 정보원은 아니다. 우리는 주위 사람들과 가정, 회사, 출근

길, 친구들, 사회 환경, 스포츠 동호회 등으로부터 정보를 입력받는다. 그리고 원하든 원하지 않든 이것들은 모두 우리 마음에 영향을 미친다.

폭스 박사를 소개하는 방식도 그의 말을 좋게 평가할 것인지 나쁘게 평가할 것인지, 또는 그의 말에 더 귀를 기울일 것인지 안 기울일 것인지에 영향을 미쳤을 것이다. 그를 지적이고 명민한 사람으로 소개하면 우리는 바로 그에게 실제로 그런 특성이 있다고 생각한다. 그래서 그의 대화 중에서도 특히 지적인 말에 더 끌리고, 그가 지적인 사람이라는 것에 스스로 확신을 가진다. 만일 그를 교수나 의사, 또는 사회적 지위가 높은 사람으로 알고 있다면 우리는 더욱더 그가 이와 같은 특성을 가졌을 것이라고 생각한다. 정치가이자 외교관이자 사업가로 노벨평화상을 수상한 헨리 키신저Henry Kissinger의 말처럼. "유명해지면 가장 좋은 것 중 하나가 내가 말을 지루하게 하더라도 청중이 자신에게 문제가 있어서 그렇다고 생각하는 것이다."

폭스 박사가 사용하는 단어 또한 우리 사고에 영향을 미친다. 뉴런 사이에 전달되는 전기신호에 영향을 미침으로써 미세하게 우리 견해에 영향을 주는 것이다. 만일 그가 긍정적인 감정의 단어를 사용하면 우리 마음 또한 긍정적 사고를 하는 방향으로 움직이고, 앞의 실험에서 보았듯이 몸짓도 달라질 수 있다. 아마도 의자에 다시 똑바로 앉아서 그의 말에 더 집중할 것이다.

간단히 말해 우리는 그가 실제로 훌륭한 사람이라고 믿게 되는 것이다. 그러나 이것만으로 끝나는 것은 아니다.

무의식적인 정보처리

앞에서 이미 언급했듯이, 우리 뇌의 중요한 특성 가운데 하나는 대부분의 정보를 무의식적으로 처리한다는 것이다. 이것은 우리가 심장박동을 걱정할 필요 없이, 또한 매 초마다 몸의 균형을 잡거나 걸으려고 다리의 움직임을 조정할 필요 없이 다른 일에 집중할 수 있다는 것을 의미하기 때문에 다행한 일이라고 할 수 있다. 그런데 이로 인해 우리는 자동적인 반응을 보이고, 사물이나 사건, 동물을 재빨리 일정한 범주에 따라 분류하게 되는데, 여기에는 다소 위험이 따른다. 앞에서 말한 대로 뇌는 모든 것을 효과적으로 단순화시키는 기계이다. 이 단순화 과정에서 우리는 연합과 연결을 형성하고 이를 토대로 의사결정을 내린다. 이렇게 형성된 연합은 의식의 바로 아래쪽에 놓인다.

가령 우리는 어떤 빨간색 열매를 보고 우리 기억 안의 정보를 검색하여 그것을 독이 있거나 독이 없는 열매와 일일이 비교하지 않는다. 자동으로 그것이 독이 있고 위험한 열매일 것이라고 결론을 내린다. 이에 따라 자동적으로 일련의 반응과 혐오감을 보이게 되고, 그 열매를 피해야겠다는 결정도 내리게 된다. 효율적인 방법이기는 하지만 만일 우리가 독이 있는 열매와 빨간색 열매를 연합하여 빨간 열매를 볼 때마다 자동적으로 피하게 되었다면 우리는 딸기나 라즈베리를 즐길 수 있는 기회 또한 누리지 못했을 것이다. 이러한 연합은 우리를 제약한다.

뇌에는 이러한 연합 외에도 모든 감각으로부터 정보가 입력된다. 우리는 시각이나 청각, 후각, 미각, 촉각을 차단할 수 없고, 이러한 감각은 지속적으로 막대한 양의 정보를 처리한다. 지금 나는 글을 쓰면서 컴퓨터 화면과 키보드의 다양하고 미세한 색깔들, 책상과 책상 위의 물건들, 컴퓨터에 연결된 선들, 커피를 담은 잔, 그리고 그 잔의 크기와 모양, 그 안의 커피의 양, 잔에 있는 무늬, 잔의 위치, 다양한 색깔과 크기를 가진 펜들을 쳐다본다. 열려 있는 창문을 보니 날씨가 맑은 아침이다. 상쾌한 바람이 창을 통해서 들어와 아침 공기의 선선한 냄새를 맡을 수 있다. 새의 지저귐이 들리고, 차들이 오가는 소리도 들린다. 이것은 내 주위에서 입력되는 감각 정보의 극히 일부분이다.

이 중에 내가 의식적으로 처리하는 정보는 전혀 없다. 실제로 우리는 매 초마다 의식적으로 2000비트의 정보를 처리하고 무의식적으로는 40억 비트의 정보를 처리한다.[27] 물론 이러한 숫자들은 파악하고 계산하기가 힘들며, 연구에 따라 서로 다르게 보고된다. 그러나 모든 연구는 공통적으로 다음과 같은 결론을 내리고 있다. 의식적으로 처리하는 정보의 양과 무의식적으로 처리하는 정보의 양 사이에 엄청난 차이가 있다는 것이다. 이것은 우리의 두뇌에 입력되는 막대한 양의 정보가 대부분 무의식적으로 처리된다는 것을 의미한다. 따라서 우리의 의사결정 과정은 모두 무의식적인 수준에서 처리된 정보에 바탕을 두거나, 적어도 무의식적인 수준에서 강력하게 영향을 받는다.

더 중요한 점은 무의식적인 정보처리가 다양한 연합이나 예단(미리 판단해버리는 현상)과 연결된다는 것이다. 이 또한 우리가 더 편하게 생활할 수 있도록 하려는 것이다. 무의식적 정보처리는 자동적 연합과 더불어 더 빠르고 효과적으로 의사결정을 할 수 있게 하지만 우리를 잘못된 길로 유도하기도 한다.

폭스 박사가 강의실에 들어오기도 전에 우리 뇌는 이미 듣게 될 가능성이 있는 정보를 중요한 것과 중요하지 않은 것으로 분류하고, 프라이밍의 영향을 받으며 기대를 키운다. 폭스 박사가 강의실에 들어올 때 그의 외모가 주는 인상은 우리 마음 깊숙이 자리 잡고 있는 연합, 예를 들어 교수나 교사, 교육 수준이 높은 개인의 인상과 연결된다. 그가 입을 열어 말을 하기 시작하면 목소리의 힘과 어휘의 선택이 우리 머릿속에서 더 많은 연합과 연결된다. 우리는 내용에 집중하기보다는 대화의 흐름을 따라간다. 이것은 자연스러운 현상이며 거의 무의식적으로 이루어지기 때문에 통제하기가 매우 어렵다.

이외에도 미세한 영향을 미치는 자극들이 있다. 청중 몇 사람이 고개를 끄덕이는 것을 보면 당신이 긍정적인 견해를 가지는 데 영향을 미칠 것이다. 고개를 아래로 끄덕이거나 좌우로 흔드는 것이 똑같은 대상에 대하여 다른 견해를 가지게 한다는 사실이 발견되었다. 고개를 끄덕이는 것은 확인과 인정의 의미와 연결되어 있다. 이는 리처드 패티^{Richard} ^{Petty}와 파블로 브리뇰^{Pablo Briñol}의 연구[28]에서 밝혀졌다. 그리고 흥미롭게도 평소에 쓰는 손과 반대 손으로 글씨를 쓰면 자아존중감에 영향을 미친다는 사실도 발견되었다. 따라서 청중 몇 사람이 고개를 끄덕이면 당신의 견해에 영향을 미칠 가능성이 높다.

이와 같은 현상은 긍정적 순환, 또는 누적 이득과 결합될 수 있다. 즉 몇 사람이 고개를 끄덕이면 당신은 무의식적으로 폭스 박사에게 더 긍정적인 견해를 가지게 되고, 이는 다시 무의식적 정보처리 과정과 그의 중요성 평가에 영향을 미치고, 그러면 당신은 이에 대한 확증을 찾게 되고……. 이와 같은 방식으로 끊임없이 영향을 준다.

물론 여기에 집단 사고의 영향을 더할 수도 있다. 따라서 막대한 양의 정보가 우리 무의식에 입력되는 것이다. 이런 상황에서 우리 모두가 폭스 팩터의 함정에 빠지는 것은 당연하다. 폭스 박사 실험을 실시한 연구자들은 아무도 그가 정말로 자격을 갖춘 사람인지 궁금해하지 않았다고 한다. 당연하다. 그들이 궁금해할 이유가 없었기 때문이다. 앞에서 이미 말했듯이 누가 지역의 자동차 딜러에게 가서 그가 실제로 차를 판매할 자격이 있는지 확인하는가? 아니면 슈퍼마켓에 들어가서 식품을 팔 수 있는 권한이 있는지 물어보는가? 그들이 자격이 있다는 정보가 압도적으로 많으므로 그럴 필요를 느끼지 못한다.

폭스 박사 효과가 발생하는 이유는 어느 정도 사실인 부분이 있기 때문이다. 즉 우리가 형성한 연합에는 어느 정도 논리가 있다. 대체로 교수가 교사보다 더 양질의 정보를 제공할 가능성이 높다. 이것은 사실이다. 그리고 강하고 자신감 있는 목소리를 가진 사람은 그럴 만한 이유가 있다. 따라서 폭스 박사 효과에는 사실인 부분도 있으나, 대체로 왜곡되었을 가능성이 높다. 나는 최근 승진을 위해 평가센터에서 평가를 받아야 하는 유명한 다국적 기업의 임원을 대상으로 코칭을 했다. 사전평가에서 자신들이 리더십 자질에 초점을 맞추어 평가한다고 생각한 평가자들은 그에게 준비가 되었는지 물었다. 그 뒤에 나에게 코칭을 받은 그 임원은 4주 후 매우 성공적으로 평가를 마쳤다. 내가 어떻게 코칭했는지 궁금하지 않은가?

그의 깊은 내면의 감정에 다가가 마음의 구속에서 벗어나게 하고, 재능과 능력을 최대한 발휘할 수 있게 해주었다고 말하고 싶다. 이렇게 하는 것이 내 임원 코칭 과정이기도 하다. 그러나 이 경우에는 그렇게 하지 않았다. 나는 그가 강력한 커뮤니케이션 기술과 몸짓 언어, 목소리, 그리고 단정한 복장을 갖추고 자신감 있어 보이도록 훈련시켰다. 분명히 이것뿐이었다. 그의 내면에 접근하거나 새로운 리더십 능력을 개발하는 과정은 전혀 없었다. 여덟 시간 만에 이 임원을 잠재력 있는 리더로 변신시킨 것이다.

평가자들은 리더로서의 내적인 능력이 아니라 외부로 드러나는 특성을 평가했다. 커뮤니케이션 기술이 리더십의 중요한 요소가 아니라고 말하려는 것이 아니다. 분명히 그것도 리더십의 핵심적인 부분이다. 그러나 우리가 실제로 무엇을 평가하는지 스스로 안다고 할 수 있을까? 이것이 그보다 더 중요한 문제이다.

방금 한 질문이 기업의 리더십과 핵심인재 프로그램과 관련해서 얼마나 중요한지 잠깐 짚고 넘어가보자. 우리는 실제로 인재를 선발하는 것일까, 아니면 인재 같은 인상이나 이미지를 주는 사람을 선발하는 것일까? 도대체 인재를 제대로 평가하고 있기는 한 것일까? 이 주제는 나의 세 번째 저서인 『왜 우리는 인재를 못 알아보는가?』에서 다룰 것이다.

무의식적인 수준에서 상당히 많은 일들이 일어나기 때문에 평가센터의 평가자들처럼 아무리 좋은 의도를 가졌다 하더라도 알지 못하는 사이에 잘못된 길로 빠지고, 우리 견해와 생각, 판단은 왜곡될 가능성이 높다. 우리는 스스로 이성적으로 행동하며, 올바른 판단을 내린다고 확신한다. 더 위험한 상황에서는 이러한 현상이 더욱 강화되어 완전한 긍정적 순환을 형성할 수 있다.

흔히 판단을 내리려면 먼저 그것에 확신을 가져야 한다고 생각한다. 그러나 연구에 의하면 어떤 결정을 내렸을 때 더 확신을 가지게 된다.[29] 다시 말해서 결정을 내린 이후에 그것에 대한 확신이 생기는 것이다. 우리 마음은 스스로 내린 결정에 더 헌신하는 경향이 있다. 폭스 박사 실험에서 보았듯이 그에게 확신을 가진 사람들은 그가 가짜였다는 것을 믿지 않을 것이다. 그들은 그로부터 더 많은 것을 원하기 때문이다.

기업의 리더조차 비록 그 결정이 잘못된 것이라 하더라도 이미 내린 결정을 고수한다는 연구 결과가 있다. 샤롯Sharot과 드 마르티노De Martino 의 연구에서 이런 현상이 발견되었다. 리더는 정반대의 증거가 제시되더라도 자신의 결정을 바꾸지 않을 수 있다는 것을 보여주기 때문에 이 점은 중요하다. 물론 매달 결정을 바꾸는 기업만큼 심각한 곳도 없을 것이다. 그러나 이 연구는 리더십에 대하여 하나의 도전을 제시하고, 왜 어떤 리더들은 논리나 상식과 거리가 먼 행동을 하는지 설명해 준다. 원래의 결정과 상반된 사실을 제시하더라도 리더는 자신의 견해를 바꿀 가능성이 낮다. 기업의 리더가 사실을 접하더라도 자신의 견해를 바꾸려 하지 않거나 바꾸지 못한다는 사실은 기업의 입장에서는 매우 비극적인 일이다. 곧 다루게 될 확증의 발견에서도 마찬가지의 결과가 발생한다.

예단 또한 우리가 보고 행하는 모든 것에 영향을 미친다. 만일 우리가 예단하지 않는다면 사실상 생활을 제대로 하지 못할 것이다. 고개를 흔들면서 왜 이와 같은 일이 발생하는지 의아해하면서도 우리는 예단을 한다. 특히 정치와 관련해서, 그리고 다른 분야에 대해서 어떤 경우에는 균형 잡힌 판단을 하면서도 다른 경우에는 예단의 함정에 곧바로 빠지는 것을 보면 놀랍다. 정치 분야에서 볼 수 있는 좌파와 우파의 분열이 전형적인 예이다.

유럽에서 좌파와 우파가 이민자와 외국인의 문제에 어떤 관점을 가지는지 살펴보자. 좌파는 출생 국가만으로 어떤 사람을 악하다고 판단할 수 없기 때문에 그들을 한 사람씩 조사해야 한다고 본다. 만일 통계 자료에서 외국인의 범죄율이 더 높은 것으로 나타나면 그들은 전체 외국인 중 일부만 이에 해당하고 대다수는 법을 준수한다고 주장할 것이다. 물론 이는 사실이다. 그러나 우파는 외국인이므로 어떤 조치가 취해져야 한다고 볼 것이다. 좌파 집단은 고개를 흔들면서 어떻게 그렇게 매정하고, 결백한 사람들을 예단할 수 있는지 의아해할 것이다.

그러나 좌파 또한 예단을 자주 한다. 만일 그들 앞에 은행 간부가 보이면 '악착같이 돈을 긁어모았고 탐욕스러우며 배부른 자본가'라고 생각할 것이다. 그들에게 부유하다는 것은 자본주의가 암시하는 것과 같은 의미를 지닌다. 공산주의와 사회주의 체제에서 사람들이 훨씬 더 끔찍하게 고통받았던 것을 보고서도 그렇게 생각한다. 이 또한 예단이다. 논리적 주장과 사실, 합리성은 정치적 관점을 바꾸지 못한다는 것을 보여준다. 오히려 개인의 관점이 더욱 강화될 수 있다.

따라서 우리 모두는 무의식적 정보처리와 예단의 희생자이다. 그리고 그럴 수밖에 없다. 강조하고자 다시 한 번 반복하겠다. 우리 모두 그럴 수밖에 없다. 이것이 뇌가 작동하는 방식이기 때문이다. 의사결정 과정은 우리가 생각하는 것만큼 견고하지 않을 수도 있다.

뜨거운 사고와 차가운 사고

당신은 냉철하게 합리적으로 결정을 내리는가? 아니면 한 순간의 열기에 휩싸여 결정을 내리는가? 결정을 내릴 때 이성적 능력을 전적으로 사용하는가? 강한 견해를 가지고 있는가?

견해가 지나치게 강해서 사실을 들으려고도 하지 않는 사람과 논쟁을 해본 적이 있는가? 혹은 사실이 매우 명백해서 정신이 나가지 않는 한 그와 같은 생각을 할 수 없다고 느낀 적이 있는가? 나는 그런 적이 있다. 그리고 그런 사람과는 어차피 지는 싸움을 하게 되리라는 것도 안다. 혹시 재치와 논리로 승부하는 싸움이라고 생각한다면 다시 생각해보기 바란다. 어떤 것에 고정적인 견해를 가진 사람과 논쟁하는 것은 우리 뇌가 설계된 방식에 대항하는 것이고, 결국 지게 될 싸움을 하는 것이다. 미국의 극단적인 민주당 지지자를 공화당 지지자로, 또는 극단적인 공화당 지지자를 민주당 지지자로 바꾸는 것이 가능하다고 생각하는가? 사실상 불가능하다.

그렇다면 뇌에서는 어떤 일이 일어나는 것일까? 이러한 현상은 '뜨거운 사고와 차가운 사고', 또는 '뜨거운 인지와 차가운 인지'라고 하며 더 광범위하게는 '동기화된 추론'이라 불린다.

1963년 예일대학의 로버트 아벨슨Robert Abelson이 투표에 대해 실시한 연구[30]에서 '뜨거운 인지'라는 용어가 시작되었다. 그리고 이후 동기화에 대한 많은 연구가 정치적 당파성에 초점을 맞추어 진행되었다.

사회적 인지 연구로 유명한 캐나다의 사회심리학자 지바 쿤다Ziva Kunda는 1990년에 「동기화된 추론의 사례」[31]라는 유명한 논문을 발표했다. 동기화된 추론은 말 그대로 특정 결론에 도달하게 되는 동기를 가지는 것이다. 이것은 주어진 정보를 처리하는 과정과 단기 혹은 장기 기억에 접근하는 과정에 영향을 미친다.

자신의 판단을 바꾸는 정치인은 없다. 만일 그들이 이성적으로 행동한다면 주어진 정보에 따라서 판단을 바꿀 것이다. 사실 정치인은 자신의 결정을 바꿀 줄 알아야만 한다. 정보를 대하고 그것에 따라 균형 잡힌 판단을 하는 것이 바로 이성적 추론이다. 수학의 부등식처럼 생각하면 된다. 좌변에 더 많은 정보가 있으면 왼편으로 결정하고, 우변에 더 많은 정보가 있으면 오른편으로 결정하면 된다. 그러나 이러한 일은 결코 일어나지 않는다. 분명 이성이나 합리성과는 거리가 먼 현상이다.

여기서 핵심적 요인은 바로 우리의 감정이다. 뇌 속 혈류량의 변화를 촬영하여 활성화된 영역을 관찰하는 기능성자기공명영상fMRI으로 뇌를 촬영하면 차가운 사고를 할 때에는 뇌에서 추론을 관장하는 영역이 활성화되는 반면, 뜨거운 인지 과정에서는 감정을 관장하는 영역이 활성화된다. 정보가 감정적으로 두드러진 반응을 가져오는 상태인 정서적 현저성이 뜨거운 인지의 핵심이라고 할 수 있으며, 다음의 예[32]를 보면 그 차이를 알 수 있다. 아래 문장들을 읽어보자.

범죄를 저지르는 의사는 없다.

어떤 의사는 강간범이다.

어떤 강간범은 범죄를 저지른 것이 아니다.

록스타 중 일부는 기타리스트다.

모든 기타리스트는 노래를 부를 수 있다.

록스타 중 일부는 노래를 부르지 못한다.

첫 번째 문단에 있는 문장들은 특정 감정을 불러일으킨다. 강간범인 의사를 상상하기는 힘들며, 단어에 강한 연합과 어감이 수반된다. 실제로 첫 번째 문단의 문장들을 읽으면 뇌의 감정 중추가 활성화되고, 전두엽의 사고 중추는 활동이 억제된다. 반면에 두 번째 문단의 문장들은 전두엽의 사고 중추를 더 활성화시키고, 전두피질의 감정 조절 체계에 있는 감정 중추를 억제한다.

이와 같은 현상은 감정이 수반되었을 때 우리 사고가 왜곡된다는 것을 보여준다. 정치적 당파성은 추론의 과정이 우리의 신념과 일치하지 않을 때 비이성적인 판단을 내린다는 것을 보여준다. 드류 웨스턴 Drew Western은 2004년 미국 대선 기간 동안 특정 당의 지지자들을 대상으로 한 뇌 촬영 연구[33] 결과를 2006년에 발표했다. 우선 민주당과 공화당의 대통령 후보가 선정되었고, 실험 참여자들에게는 각 후보가 모순

되게 진술하는 것을 들려주었다. 2004년 대선 당시 대통령 후보는 조지 부시와 존 캐리였다. 실험 참여자들은 자신이 지지하는 후보의 모순된 진술에 대해 해명을 했는데, 이때 그들의 뇌에서 사고 중추의 활동은 억제되고, 감정 중추가 활성화되었다. 정치적으로 중립의 입장인 사람들도 자신이 지지하는 후보를 방어할 수 있는 정보가 주어지면 뇌의 보상 중추가 활성화되었다. 웨스턴 박사는 다음과 같이 말했다.

"의식적 추론과 관련된 신경 회로는 전혀 작동하지 않았다. 각 정당의 지지자들은 자신이 원하는 결과를 얻을 때까지 인지적 '만화경'을 돌리는 것 같다. 사실을 어떻게 해석하는가에 따라 자신의 이득에 영향이 있을 때 모든 사람은 감정적으로 편향된 사고를 하게 된다."

지금까지 정치 분야를 다루었는데, 아마도 충분히 예상할 수 있는 내용이었을 것이다. 드류 웨스턴은 이후에 이 주제와 관련하여 『정치적인 뇌』[34]라는 책을 출간했다. 그는 감정과 이성이 부딪히게 되면 결국 감정이 이긴다고 언급했다. 이와 같은 현상을 알고 나니 실제로 정치인에게 훌륭한 자질과 장기적으로 지속 가능한 결정을 내리는 능력이 있는지 솔직히 염려스럽다.

앞에서 감정이 인지와 정치적 당파성에 영향을 미치는 것을 살펴보았다. 사실 당파성은 다양한 주제에서 형성될 수 있다. 축구 팬들에 대한 연구에서도 유사한 결과가 발견되었다. 성별에 따른 차이뿐만 아니라 구분이 가능한 어떠한 집단, 예를 들어 마케팅 부서 대 회계 부서에서도 이와 같은 현상이 나타날 수 있을 것이다.

드류 웨스턴의 실험에서는 폭스 팩터에 대한 더 흥미로운 사례를 찾을 수 있다. 연구 참여자들은 바람직하거나 바람직하지 못한 사건이 일어날 가능성이 거의 같다는 자료를 보면서도 바람직한 사건이 일어날 가능성을 더 높게 평가했다. 그 외에도 자신의 인성이 더 높은 학업 성취를 가져올 것이라 생각한 사람들은 자신의 내향성과 외향성 점수를 더 높게 평가했다.[35] 따라서 당신은 더 바람직한 결과를 얻을 수 있는 방향으로 자신의 인성에 대한 관점이 편향되어 있을 수 있다.

이 모든 것은 우리의 사고가 감정에 의해 언제나 편향되고 왜곡되어 있다는 것을 보여준다. 감정이 수반되면 뜨거운 인지 과정에 들어가게 되고, 그 결과는 우리가 선호하는 방향으로 틀어진다. 이것은 정보를 처리하는 방식과 자료의 균형을 맞추는 과정, 자신의 인성에 대해서 가지는 관점과 과거를 기억하는 방식(이 또한 선호하는 방향으로, 또는 사전의 기대에 따라서 왜곡된다)[36]에 영향을 미친다. 따라서 결국 우리의 사고는 왜곡된다는 것을 알 수 있다. 사고 과정에 있어 다른 흥미로운 측면은 앞에서 말한 것처럼 결정을 내린 후 그것에 더 헌신하게 된다는 것이다.

그렇다면 이 모든 것은 폭스 팩터와 더불어 어떻게 영향을 미치는가? 우선 분명히 해야 할 점은 어떤 것은 영향을 미치고, 어떤 것은 영향을 미치지 않을 수도 있다는 것이다. 일상생활에서 만일 누군가가 다른 사람의 팬이라면 그는 뜨거운 인지의 원리를 따를 것이라고 볼 수 있다. 특히 스캔들이 일어나는 경우 증거가 왜곡되는 것을 자주 볼 수 있다. 만일 유명한 사람이 스캔들에 연루되면 즉각 왜곡될 수도 있는 극단적인 비판이 제기되고, 추종자들은 바로 반박을 할 것이다. 이 또한 왜곡될 수 있다. 앞에서 살펴본 오제이 심슨의 사례를 떠올려보자. 증거가 제시되기 전에, 또는 제시된 후에도 그가 무죄 혹은 유죄라고 주장한 사람들은 매우 뜨거운 인지 과정을 반복했을 것이다. 사실을 보려는 사람은 거의 없다.

폭스 박사 실험에서처럼 강연이라는 단순한 사례에서도 우리가 강사를 선호하면 판단이 왜곡될 수 있다. 어떤 사람을 선호하면 비록 심하지는 않더라도 뜨거운 인지 과정을 반복하게 되기 때문이다. 우리의 판단은 감정적으로 더 매력을 느끼는 강사에게 유리한 방향으로 왜곡될 것이다. 이것은 강의의 긍정적 요소에 더 확신을 가지고, 부정적 요소는 무시한다는 것을 의미한다. 실제로 '교육적 유혹'의 효과는 상당 부분 이에 의해 설명할 수 있다. 학습을 했다는 느낌이 들고, 뇌의 보상 중추가 활성화되어 기분이 더 좋아진다. 후속 연구에서는 '유혹적인' 강의의 참여자들이 더 지속적으로 수강을 하는 것이 발견되었다. 강의가 흥미로웠으며 더 몰입하게 만들었다는 의미이다. 따라서 흥미로운 기업 프레젠테이션은 반드시 필요하다! 그런데 폭스 박사와 폭스 팩터를 둘러싼 영향력 있는 요인에는 뜨거운 인지 외에도 여러 가지가 있다.

미세한 신호

다른 사람의 마음을 읽을 수 있다면 얼마나 좋겠는가? 가만히 앉아서 다른 사람이 속으로 하는 생각을 들을 수 있다면 우리 삶은 훨씬 편해질 것이다. 그런데 가끔은 다른 사람의 감정과 의도를 기가 막히게 파악하는 사람을 볼 수 있다. 최근에 코칭을 받은 내 고객 중에 다른 사람을 훤히 읽는다고 밝힌 사람이 있다. 한번은 직장에서 그녀의 팀이 새로운 상사를 맞이하게 되었는데, 그를 보자마자 상어 이미지가 머릿속에 떠올랐다고 한다. 그러나 그 상사는 사람들에게 매력적이고 친절하며 유능하고 다정한 관리자로 보였다. 처음 몇 주 간은 실제로 그런 것 같았다. 그런데 언젠가부터 알게 모르게 분위기가 바뀌었다. 일이 잘못되기 시작했고, 사람들은 해고되거나 회사를 떠났으며, 긴장감이 흐르는 분위기가 되었다. 그는 실제로 상어 같은 모습을 보여주었다. 그의 관심은 온통 자신의 성공에만 있다는 사실이 점차 분명해지기 시작했다. 게다가 그가 돈을 횡령했다는 사실이 밝혀지면서 사건이 터지고 말았다.

문제는 다음과 같다. 설령 그녀가 그 상사를 보고 상어같이 느껴졌다 하더라도 이것을 어떻게 다른 관리자들에게 전할 수 있었겠는가? "처음 보는 순간 상어의 이미지가 머릿속에 떠올랐어요"라고 말했다면 아무도 그녀의 말에 귀를 기울이지 않았을 것이다. 우리가 흔히 직감이라고 부르는 것은 강력하고 정확할 수 있으나, 표면적으로 정당화하기는 어렵다.

직감이 발달한 사람들은 가식적인 모습에서
본질적인 이미지를 읽어내기도 한다.

우리는 자신이 감정을 통제하거나 감정을 인식한다고 생각한다. 그러나 연구에 의하면 이것은 사실이 아니다. 다양한 뇌 촬영 연구에서도 밝혀졌다. 특히 두려움이 뇌를 활성화시키는 사례는 흥미롭다. 무서운 얼굴은 뇌의 편도체를 활성화시키는데, 편도체는 뇌 안에 깊숙이 자리 잡고 있는 강력한 감정처리 중추로 두 개의 작은 아몬드 모양의 구조로 되어 있다. 편도체를 뜻하는 '아미그달라Amygdale'라는 단어도 그리스어 '아몬드'로부터 유래된 것이다. 이 영역은 특히 공포 감정에 의해 강하게 활성화된다. 뇌 촬영 연구[37]에 따르면 무서운 얼굴을 보았을 때 편도체가 활성화되고, 공포를 느끼게 된다.

그런데 잠재의식에 자극을 주는 것만으로도 편도체가 활성화될 수 있다. 예를 들어 평범한 얼굴의 사진들 사이에 0.3초 미만으로 무서운 얼굴을 노출했을 때도 편도체를 활성화시킬 수 있다.[38] 이 경우 피험자들은 알아차리지 못한다. 눈으로 보았다고 의식하지도 못하는 무서운 얼굴 사진 때문에 두려움이 생기는 것이다. 잠재의식 수준에서 뇌를 활성화시키는 자극을 우리는 의식하지 못한다. 다시 말해 우리가 보았다는 것을 알지도 못하고, 뇌가 활성화되는 것을 알아차리지도 못한다. 우리가 전혀 의식하지 못한 채 일상생활을 영위해나가는 중에도 편도체는 활발히 자신의 기능을 수행한다. 그리고 그로 인해 우리의 사고 패턴은 상당히 왜곡된다.

기업의 훌륭한 관리자는 직감의 중요성을 잘 알 것이다. 그러나 오늘날처럼 더 발전된 컴퓨터와 측정 지표들이 끝없이 등장하는 상황 속에서 우리는 지속적으로 새로운 답을 찾고, 다양한 문제를 해결하고자 복잡한 방법을 강구한다. 우리는 직감을 알고리즘으로 대체하려고 한다. 그러나 잘 발달된 직감이 1초도 안 되어 파악할 수 있는 것을 과학적으로 측정하는 일은 생각만큼 쉽지 않다.

마이크로메시징Micromessaging은 우리가 보내는 몸짓 언어나 어조 등의 신호와 관련된다. 마이크로메시지는 몸짓 언어나 얼굴 표정, 어조의 작은 변화를 통해서 나타난다. 세계적인 얼굴 표정 전문가 폴 에크만Paul Ekman은 이것을 '미세한 신호'라고 불렀고, 이를 감지할 수 있도록 훈련하는 프로그램을 개발했다. 스티븐 영Stephen Young은 『마이크로메시징』[39]이라는 제목의 책을 냈다. 마이크로메시징의 핵심적인 특징은 미세하기 때문에 지각하기가 어렵다는 것이다. 그러나 앞에서 말했듯이 우리는 적어도 주의를 기울이고 본능에 따르거나 예민해지도록 훈련을 받으면 그것을 감지할 수 있다.

몸짓 언어를 완전히 통제하기는 어렵다. 물론 많은 부분은 통제가 가능하나, 일상생활을 하면서 우리는 자신의 몸짓 언어에 그렇게 집중하지 않는다. 따라서 우리의 몸과 얼굴 표정, 그리고 어조와 억양은 우리 사고와 감정을 대부분 무의식적으로 표현하며, 이는 또한 무의식적으로 감지된다. 그럴 때 우리는 이렇게 말한다. "왜 그런지 모르겠는데 그 사람 인상은 그렇게 좋아 보이지 않았어."

우리 얼굴에는 매우 많은 근육이 모여 있다. 반대로 팔에는 큰 근육만 몇 개 있다. 얼굴은 기본적으로 아주 얇은 근육 층으로 되어 있는데, 이 근육들은 다른 강도로 얼굴을 잡아당기고 일그러뜨려서 다양한 표정을 짓게 한다. 웃는 표정, 찌푸린 표정, 뿌루퉁한 표정, 놀란 표정, 화난 표정, 충격을 받은 표정, 두려운 표정, 의심스러운 표정, 건방진 표정, 불쾌한 표정, 겸손한 표정, 온순한 표정, 만족스러운 표정 등이다. 앞 문장에 제시된 각각의 표정에 대해 읽었을 때 머릿속으로 일정한 표정을 짓는 다양한 얼굴들이 떠올랐을 것이다. 그러나 만일 머릿속에 떠오른 표정을 상세히 묘사해보라고 한다면 상당히 곤란할 것이다. 직접 보면 알 수 있는데 그것을 말로 묘사하기는 어렵다.

에크만 교수가 한 일이 바로 이것이다. 그는 얼굴의 모든 근육을 힘겹게 분석해서 각각의 효과를 조사했다. 그리고 그 결과를 원래는 「얼굴 표정 코딩 체계」라는 이름으로 발표했으나, 최근 '마이크로 표정 훈련 도구'[40]와 '미세 표정 훈련도구'[41]라는 이름의 온라인 학습 패키지로 다시 내놓았다. 에크만의 연구는 얼굴 표정이 얼마나 복잡한지 보여준다. 더 중요한 점은 대부분의 표정이 무의식적으로 통제된다는 것이다. 우리는 의식적으로 몸짓 언어를 통제하지는 않는다. 따라서 비록 무의식적인 과정이기는 하나, 몸짓 언어와 그것이 표현하는 의미를 어떤 방식으로든 읽어내는 것이다.

우리는 언제나 생각하는 바를 표현한다. 폴 에크만 박사가 얼굴 표정을 분석하면서 발견한 또 하나의 사실은 우리가 어떤 생각이나 감정을 숨기려고 할 때 거짓 표정을 짓기 전 1초도 안 되는 짧은 시간 동안 실제의 감정이 얼굴에 비친다는 것이다. 사람들의 얼굴 영상을 분석해보면 이 순간적인 표정이 실제 감정을 드러낸다는 것을 알 수 있다. 미국 전 대통령인 빌 클린턴의 얼굴이나 앞에서 등장한 오제이 심슨 등의 얼굴이 분석되었다.

폴 에크만의 연구는 미국 텔레비전 시리즈인 〈내게 거짓말을 해봐〉를 통해 널리 알려졌다. 이 방송에서 거짓말을 하는 다양한 과제가 전문가 집단에게 주어지고, 이를 통해 시청자는 어떤 신호가 거짓인지, 또는 진실인지 알 수 있다.

그러면 이 모든 것이 폭스 팩터와 어떻게 연결되는 것일까? 우리가 폭스 박사를 알아차릴 수 있다는 것을 의미하는가? 사실 우리는 그래야만 한다. 실제로 예민한 감각을 가진 사람은 그렇게 할 수 있다. 나는 버나드 메이도프를 만난 스위스 은행의 고위 간부 이야기를 들은 적이 있다. 그는 메이도프를 만난 후에 무엇인가 잘못되었다는 것을 알아차렸다. 정확히 뭐라고 말할 수는 없었으나, 무엇인가 적절하지 않았다. 그는 즉시 버나드 메이도프에게 투자한 돈이 있으면 회수하라고 지시를 내렸다. 그는 무엇인가 잘못되었고 적절하지 않다는 것을 알았으나, 정확히 무엇인지 말할 수는 없었다.

인간은 얼굴에 매우 민감하다. 사실 우리는 민감하도록 설계되어 있다. 신생아들도 사람 얼굴에 매우 강하게 반응한다.[42] 비록 얼굴을 본 적이 없더라도 사람 얼굴은 즉시 신생아의 주의를 끈다. 흥미롭게도 다정하게 웃는 얼굴이 웃지 않는 얼굴보다, 용모가 뛰어난 얼굴이 매력적이지 않은 얼굴보다 더 주의를 끈다. 우리는 다정하고 용모가 뛰어난 얼굴을 선호하는 경향이 있다. 이는 대부분의 리더들이 키가 크고[43] 용모가 뛰어나다[44]는 연구 결과와도 통한다. 여기서 용모가 뛰어나다는 것은 반드시 모델 같다는 이야기가 아니라, 균형 잡힌 매력을 지녔다는 의미이다.

게다가 신뢰에 대한 연구에서도 신뢰가 얼굴과 관련 있다는 결과가 나타난다.[45] 우리는 행동이나 사람 전체보다는 얼굴을 먼저 신뢰한다. 여기서 폭스 팩터의 영향력이 발휘된다. 외모가 영향을 미치는 것이다. 만일 그가 신뢰할 만한 사람처럼 보이면 우리는 그를 신뢰한다. 심리학의 다른 영역에서는 어떤 사람이 가진 한 가지 특성이 그 사람에 대한 전체적인 판단에 영향을 미치는 후광 효과나 주위에서 어떤 사람에게 가지는 기대가 곧 그 사람의 행동에도 영향을 미치는 피그말리온 효과를 이야기하기도 한다. 이에 의하면 외적인 인상이 그 사람의 능력과 자질에 대한 인식에 강하게 영향을 미친다. 한 가지 긍정적인 특성이 다른 모든 영역에 영향을 주는 것이다. 따라서 용모가 좋으면 다른 것도 모두 좋을 것이라고 생각한다. 앞에서 사진이나 성별, 인종을 기재하지 않은 취업 지원서를 사용했을 때의 효과를 이야기한 적이 있다. 이렇게 하는 것이 그 사람의 자질에 대해 더 균형 잡힌 판단을 내릴 수 있게 한다는 사실이 발견되었다. 그러나 무의식적으로 작동하는 미세한 감정에 우리는 대체로 둔감하다.

매우 예민한 사람들은 폭스 박사를 알아차릴지도 모른다. 그러나 우리 뇌에 직함이나 이력서, 인상, 목소리 등 막대한 양의 정보가 대부분 무의식적으로 입력되어 잘못된 길로 빠지게 한다. 그의 얼굴이 신뢰할 만한 사람처럼 보이고, 목소리에 자신감이 있으면 믿어도 되는 사람이라고 판단을 내리는 것이다. 만일 사람들이 폭스 박사의 미세한 표정을 읽었다면 판단을 제대로 내릴 수 있었을까? 아마 그랬을지도 모른다. 그러나 폭스 박사의 경우에는 연기자였기 때문에 그 역할에 완전히 몰입했을 것이다. 이러한 연기법을 '메소드 연기'라고 부른다. 이 방법은 단지 대본 읽는 연습을 하는 것이 아니라, 연기하려는 역할에 완전히 몰입하여 마치 그 사람 몸속에 직접 들어간 것처럼 그 사람의 감정을 직접 느끼는 방법이다. 연기자들은 연기를 잘 하려면 실제로 그 사람이 된 것처럼 감정을 느껴야 한다는 것을 안다. 이것이 바로 연기자에게 요구되는 능력이다. 따라서 폭스 박사의 경우에는 사람들이 더더욱 알아차리기가 힘들었을 것이다.

우리의 직감조차 표정의 변화를 제대로 감지하지 못하면 상황은 더 악화된다. 더 많은 정보가 무의식으로 들어와 우리의 생각을 더 강화시키고, 우리의 마음과 판단은 더욱더 바른 길에서 멀어지게 된다.

확증의 함정

1998년 《하버드 비즈니스 리뷰》에는 「의사결정의 숨겨진 함정」[46]이라는 제목의 획기적인 논문이 게재되었다. 존 하몬드John Hammond와 랠프 키니Ralph Keeney, 하워드 라이파Howard Raiffa는 우리 마음이 의사결정 과정에 미치는 영향을 조사했다. 이들은 최초로 이것을 경영학에 적용했다. 이 논문에서는 기업의 리더를 비롯해 우리도 빠지기 쉬운 여덟 개의 함정을 열거했다. 그중 하나는 확증의 함정이다. 이 함정은 매우 보편적으로 나타나고, 언제 어디서나 영향을 준다.

확증의 함정은 당신의 주장과 관점을 뒷받침하는 증거를 찾으면서 반대의 주장이나 증거는 무시하거나 완화시킬 때 일어난다. 이것은 드류 웨스턴의 연구와 우리가 이미 살펴본 뜨거운 사고, 차가운 사고와도 직접적으로 연결된다. 이 현상을 다룬 한 심리학 연구[47]에서는 사형제도를 찬성하는 집단과 반대하는 집단의 사람들에게 사형이 범죄 예방에 미치는 효과에 대한 두 가지 연구 결과 보고서를 읽도록 했다. 한 보고서에서는 사형이 효과적이라는 결론을 내렸고, 다른 보고서에서는 효과적이지 않다고 결론을 내렸다. 자신의 주장과 반대되는 확실한 과학 정보를 제공했는데도 두 집단의 구성원은 보고서를 읽은 후에 오히려 자신의 입장이 타당하다는 것을 더 확신하게 되었다. 그들은 자동으로 자신의 주장을 뒷받침하는 정보는 수용하고, 반대되는 정보는 무시한 것이다. 뜨거운 사고와 차가운 사고가 다시 일어났다.

만일 기업의 리더가 회사의 문제를 해결하는 데 직원을 해고하는 것이 적합하다는 생각이 들면 그것을 뒷받침하는 증거를 모두 찾으면서 반대되는 증거는 모두 무시할 것이다. 따라서 확실히 이러한 현상이 일어나고 있는 것은 아닌지 주의해야 한다. 우리 주변에서 흔히 찾아볼 수 있기 때문이다.

과학자 또한 자신이 선호하는 이론에 대한 증거를 찾는 과정에서 이 함정에 빠지지 쉽다. 정치인에게서는 매일 찾아볼 수 있다. 그들은 언제나 자신의 주장을 뒷받침하는 증거를 찾는다. 실제로 우리가 큰 주제에 대해서 이야기할 때면 늘 찬성하거나 반대하는 입장의 증거가 있기 마련인데, 이때 우리는 하나의 사례만 선택해서 계속 사용한다. 흡연자에게 혹시 하루에 100개비의 담배를 피고도 220세까지 건강하게 살았다는 자신의 삼촌에 대한 이야기를 들어본 적이 있는가?

폭스 박사의 사례에서도 유사한 과정이 일어났다. 우리의 감정 중추는 폭스 박사가 훌륭한 강사라고 판단했고, 무의식적으로 그를 좋아하기로 결정했다. 따라서 우리는 그가 훌륭한 사람이길 바라고, 무의식적으로 이를 뒷받침하는 증거를 찾을 것이다. 뛰어난 유머 감각을 지니고, 자신감이 있어 보이며, 목소리가 강렬하다는 평가는 모두 폭스 박사가 얼마나 훌륭한 사람인지 보여준다. 그가 말도 안 되는 내용을 이야기하고 있다는 사실은 알아차리지 못하게 된다.

실제로 폭스 박사가 가짜라는 증거가 제시되었을 때 실험 참여자들은 이를 의심했고, 그에게 더 많은 것을 듣고 싶어 했다. 더구나 이 사람들이 교육 수준이 높은 전문가였다는 것을 고려하면 우리도 같은 반응을 보였을 가능성이 높다. 또한 대부분 어떤 면에서는 성차별주의자이자 인종차별주의자라고 말할 수 있다. 왜 그런지 지금부터 살펴보자.

암묵적 연합 검사 Implicit Association Test

자신이 인종차별주의자나 성차별주의자라고 생각해본 적이 있는가? 아마도 자신은 절대 아니라고 주장할지 모른다. 자신은 정직하고 공정하며 성별이나 인종과 관계없이 사람들을 대한다고 말하고 싶을 것이다. 그러나 그것은 자신만의 생각에 불과할지도 모른다. 아마도 거의 모든 사람들이 자신의 인종과 성별에 관계없이 거의 확실하게 인종과 성별을 암암리에 차별하고 있을 것이다. 여성 또한 대부분의 남성만큼이나 성차별을 한다. 비록 겉으로 분명히 드러나지 않고, 자신의 신념이나 가치 체계와 일치하지 않더라도 어떤 형태로든 차별한다. 차별하지 않는 것은 사실상 불가능하다. 물론 내가 당신을 인종차별주의자나 성차별주의자라고 부르면서 약간 자극하고 있다는 사실을 안다. 그러나 실제로 당신은 차별을 한다. 이것이 바로 암묵적 연합 검사를 통해 밝혀진 사실이다. 이는《워싱턴포스트》를 비롯한 여러 자료를 통해 알려졌다.

검사의 개발자들은 오랜 기간을 거치면서 우리에게 강화된 연합이 매우 많다고 이야기한다. 그런데 이것들은 의식적이 아니라 '암묵적'이다. 안소니 그린월드Anthony Greenwald와 데비 맥기Debbie McGhee, 조던 슈워츠Jordan Schwartz에 의해 IAT[48]가 개발되었고, 현재는 '프로젝트 임플리싯'[49]이라는 이름의 연구와 교육지원 프로그램으로 안소니 그린월드와 마자린 바나지Mahzrin Banaji, 브라이언 노섹Brian Noseck에 의해 운영되고 있다. 인터넷상으로 관련 사이트에 접속해서 다양한 검사를 실시해볼 것을 권장한다.

IAT는 심리 측정 방법으로도 매우 효과적인 것으로 입증되었다. 유사한 주제로 실시된 다수의 연구들을 통합하여 통계적으로 분석하는 '메타 분석'에서는 응답자가 자신의 태도나 성격, 행동 등을 묻는 문항에 스스로 응답하는 '자기보고식 검사법'보다도 특정 행동을 정확히 예측하는 것이 발견되었다.[50] 나는 이것이 당연하다고 본다.

IAT는 컴퓨터로 실시되고, 특정 연합에 대한 당신의 반응 시간을 측정한다. 예를 들어 '직업과 관련된 성별' 검사는 다음과 같은 방식으로 진행된다. 먼저 몇 개의 이름을 남성의 이름과 여성의 이름으로 분류한다. 그리고 나서 세탁, 청소 등 가사와 관련된 단어와 여성 이름을 연결시키고, 책상이나 컴퓨터 등 회사와 관련된 단어와 남성 이름을 연결시켜야 한다. 그 후에는 반대로 남성 이름과 가사 관련 단어를 연결시키고 여성 이름과 회사 관련 단어를 연결시켜야 한다. 이 시점에서 대부분의 사람은 차이가 나타난다. 아마도 당신의 반응 속도는 느려지고, 오답의 비율이 높아질 것이다. 왜냐하면 당신의 암묵적 연합과 일치하는 경우에는 자동적으로 반응을 보이지만, 그렇지 않은 경우에는 주어진 과제를 의식적으로 생각해야 하기 때문이다. 당신의 자동적인 반응은 남성의 이름을 회사 관련 단어와 연결시키고, 여성의 이름을 가사 관련 단어와 연결시키는 것이다. 당신의 마음속에 이미 이와 같이 강하게 연결되어 있는 것이다. 이 자동 반응을 중단시키려면 의식적으로 노력해야하고, 더 강하게 연결되어 있을수록 더 많은 노력이 필요하다.

이 검사는 당신이 암묵적으로 연합한 것을 보여준다. 이것은 자신의 가치나 삶의 방식과는 다를 수 있다. 그러나 텔레비전과 책, 일상의 대화, 광고 등 도처에 이러한 연합이 존재하기 때문에 극복하기가 어렵다.

다시 한 번 프라이밍, 즉 우리의 행동에 영향을 미치는 단어와 암묵적 연합의 강력한 효과를 볼 수 있다. IQ 검사를 받기 전에 자신의 인종을 상기시켜 주면 흑인은 더 낮은 점수를 받을 것이다.[51] 성별의 경우도 마찬가지이다. 이를 '고정관념의 위협Stereotype threat'이라고 부른다. 왜 이런 현상이 발생할까? 우리의 암묵적 연합에서 흑인이나 여성이 지능이나 성공과 강하게 연관되어 있지 않기 때문이다. 물론 실제로는 이 연합과 반대되는 사례를 찾아볼 수 있다. 그러나 성공적인 백인 남성의 사례가 훨씬 더 많다.

우리는 프라이밍 효과를 다른 방향으로 생각해볼 수 있다. 만일 흑인에게 IQ 검사를 실시하기 전에 성공적인 흑인 리더에 대한 글을 읽게 한다면 점수가 상승할 것이다. 여성의 경우도 마찬가지다. 긍정적 프라이밍 효과가 나타나는 것이다. 물론 IQ 검사를 실시하기 전에 과연 다른 질문을 하는 것이 적절한지 의문을 가질 수 있다. 그러나 이보다 더 중요한 점은 IQ 검사가 지능을 측정하는 절대적인 검사는 아니라는 것이다. 지능을 IQ 검사에서 얻은 점수로 정의할 수 없기 때문에 사실 이 경우 지능이란 용어를 쓰기도 꺼려진다. 어떤 IQ 검사든지 문화의 영향을 받으며, 지능의 한 유형을 측정하는 도구에 불과하다.

지능 자체에는 IQ 검사 점수와 관련이 없는 많은 요인이 포함된다. 불행하게도 우리는 지금까지 지능을 IQ로 정의하도록 조건화되었다. 그러나 감성 지능인 EQ가 없는 IQ는 현실에서 쓸모가 없다. 실생활에서는 개인이 환경의 요구에 부응하고 자신이 원하는 것을 이루는 데 필요한 실천 지능이 IQ보다 훨씬 중요하며, 창의성은 이보다 더 중요할 수 있다. 그러나 이중 어느 것도 IQ 검사의 형태로 측정되지는 않는다.

사실 IQ 검사는 우리 마음이 정보를 단순화시키는 방식을 보여준다. 인간은 지능에 대해서 완전히 이해하고 싶어 하며, 그래서 지능의 한 측면만을 측정하는 단순한 검사를 개발하고 사람들을 지능 수준에 따라 구분한다. 앞에서 말했듯이 우리 마음은 단순한 것을 좋아한다. 단순한 해답과 해결안을 가지길 원한다. 게다가 'IQ'라는 표현 자체가 연합의 한 사례라 할 수 있다. 여러 세대에 걸쳐 전해져 내려왔기 때문에 우리는 옳든 그르든 지능과 IQ를 연합시키고, 이는 다시 우리 안에 각

인되어 높은 IQ를 가진 사람을 보면 경외심을 갖게 된다.

이 모두는 우리가 형성한 연합과 관련되어 있다. 서로 다른 가치를 가지고 있으면서도 우리의 암묵적 연합은 의사결정을 하는 과정에 동일하게 영향을 미칠 수 있다. 아니, 더 정확하게 말하면 암묵적 연합은 반드시 왜곡된 판단을 하게 한다. IAT는 많은 경우 흥미롭기는 하지만 우리가 암묵적 연합을 하며, 따라서 왜곡된 판단을 한다는 것을 보여준다.

폭스 박사에 대한 우리의 판단 또한 암묵적 연합의 영향을 심하게 받은 것이다. '교수'라는 단어를 듣자마자 암묵적 연합이 작동하기 시작한다. 이 실험에서는 다수의 암묵적 연합이 우리의 판단과 정보를 처리하는 과정에 영향을 미친다. 사실상 영향을 받지 않기가 불가능한 상황이다. 그런데 이러한 영향을 받았을 때 우리는 그것을 합리화하려고 한다. 이 또한 우리가 바른 길을 벗어나 있다는 것을 보여주는 연구 영역이다. 그리고 이외에도 놀라운 요인들이 영향을 미치고 있다.

사소한 요인들

이제 우리는 암묵적 연합이 판단에 강하게 영향을 미친다는 사실을 알게 되었다. 그런데 이외에도 예상하기 힘들거나 사소한 요인들이 영향을 준다. 1938년 심리학자 그레고리 라즈란Gregory Razran은 점심시간 이

전이나 이후보다는 점심을 먹는 동안 사람들에게 영향을 미치기가 더 쉽다는 것을 발견했다.[52] 라즈란의 연구는 앞에서 매우 편향되어 있다고 이야기한 정치적 진술에 초점을 맞추었다. 그러나 이러한 정치적 진술 또한 미세하게 영향을 받는 것으로 나타났다. 왜 그런 것일까?

「오찬 기법으로 사회적 편견에 대한 조건화 상대하기」라는 제목이 암시하듯이 라즈란은 사회적 편견이 조건화의 결과이며 통제가 가능하다고 보았다. 간단히 말해서 식사와 연합되는 만족, 즐거움 등의 긍정적 효과가 말하는 사람과 화제에 투사되는 것이다. 투사란 어떤 대상에 의미를 부여할 때 자신의 심리적 상태를 반영하는 현상이다. 따라서 점심 식사를 하는 사람에게 이야기하는 것이 그에게 영향을 미칠 수 있는 간단한 방법이다. 술에 의해서도 영향을 받을 것으로 생각할 수 있는데 이 또한 사실이다. 그러나 라즈란의 주장에 따르면 음식에 대한 강한 연합이 사람의 인식에 영향을 미칠 가능성이 더 높다.

한 단계 더 나아가서 우리는 음식뿐만 아니라 방이나 장소, 학회의 수준도 생각해볼 수 있다. 이 또한 우리의 인식에 영향을 미친다. 수준에 대한 우리의 인식은 무의식적으로 작동하여 말하는 이에게 투사될 것이다. 실제로 높은 수준의 회의는 높은 수준의 장소에서 열리는 경우가 많다. 이렇게 하는 것이 대화의 수준을 전체적으로 높이지는 않지만 모든 요인에 대한 인식의 수준을 변화시킬 수 있다.

현대에 와서 장비의 기술적 문제와 같은 작은 요인은 실제로 회의를 방해한 정도보다 훨씬 더 큰 영향을 미친다. 전체적인 수준에 대한 인상에 영향을 주기 때문이다.

폭스 박사의 강연 수준이 어느 정도였는지 정확히 알 수는 없으나, 전문적으로 조직된 규모가 큰 학회의 일부였다는 것은 알 수 있다. 따라서 이 자체가 강연 수준에 대한 인식과 전체적인 인상에 영향을 미쳤을 것이다. 게다가 강사의 수준에 대한 인식에도 영향을 주었을 것이다. 우리는 신뢰할 만한 기관에서 높은 수준의 강사를 섭외하지 않았을 것이라고 생각하기가 어렵다.

이미 말했듯이 더 중요한 사실은 이와 같은 판단이 무의식적인 수준에서 이루어지며, 우리는 그것을 의식하지 못한다는 것이다. 전혀 의식하지 못하기 때문에 우리 판단에 대한 합리적인 이유를 전혀 다른 데서 찾을 수도 있다. 믿기 힘든가? 우리는 인지 과정을 모른 채 어쩌면 속 편하게 살아가고 있는지도 모른다. 이제 우리 자신의 생각을 합리화하는 과정에 대해서 살펴보자.

엉뚱한 합리화

1931년에 심리학자인 노먼 마이어Norman R. F. Maier는 합리화와 정당화에 대한 실험을 실시했다.[53] 이 실험은 천장에 줄이 매달려 있는 방에서 진행되었다. 피실험자에게 주어진 과제는 두 줄의 양끝을 묶을 수 있는 방법을 찾는 것이었다. 두 줄은 멀리 떨어져 있었기 때문에 한쪽 줄의 끝을 잡고 다른 줄 쪽으로 걸어가서 그 끝을 잡는 것이 불가능했다. 따라서 피실험자는 이 과제에 대하여 다른 해결책을 찾아야 했다. 예를 들어 방에 있는 의자를 줄에 묶고 다른 줄에 충분히 가까워지도록 의자의 위치를 잡은 후에 다른 줄 쪽으로 가서 의자에 줄을 묶는 것이다. 거의 모든 피실험자들이 생각해내지 못한 방법은 한쪽 줄을 좌우로 흔들리게 한 후에 그것이 다른 줄에 가까워졌을 때 잡아서 묶는 것이다.

피실험자가 답을 찾으려고 방 안에서 쩔쩔맬 때 마이어는 방으로 들어가다가 '우연히' 한쪽 줄을 밀쳐서 흔들리게 했다 의도적으로 힌트를 준 것이지만 분명하게 힌트였다고 할 수 없는 상황을 만든 것이다. 이를 보고 대부분의 사람들은 해결책을 찾았다. 그러나 어떻게 그것을 생각해냈는지 물었을 때 예순한 명 중 단 한 사람만 줄이 흔들리는 것을 보고 알아냈다고 답했다. 다른 사람들은 모두 순간적으로 영감이 떠올랐다거나 아이가 그네를 타는 장면이 머릿속에 갑자기 떠올랐다는 둥 갖가지 이유로 해결책을 찾았다고 답했다. 힌트가 무의식적으로 영향을 주었기 때문에 그들의 마음은 정당화하는 방법을 찾았고 이유를 만든 것이다. 그들의 머릿속에 생각이 떠오르지 않았다고 말하려는 것이 아니라, 자극이 무의식적이어서 정당화도 무의식의적으로 이루어진 것이다.

이런 현상을 심리학자들은 '작화Confabulation'라고도 부른다. 우리는 어떤 종류의 일이든 그것에 대해 기가 막힌 설명을 지어낸다. 그러나 실제 이유와는 거의 상관이 없을 수 있다.

1996년에 심리학자인 크리스티안 슌Christian Schunn과 케빈 던바Kevin Dunbar가 실시한 문제해결에 관한 연구[54]에서도 유사한 논리가 발견되었다. 생물학을 전공하는 학생들을 두 집단으로 나눈 후 각 집단에게 문제가 주어졌다. 첫 번째 집단은 바이러스에 대한 문제가 주어졌고, 효소를 통한 억제로 바이러스의 활동을 중단시키는 것이 답이었다. 두 번째 집단은 억제와 관련이 없는 문제가 주어졌다. 여기서 '억제'라는 단어가 중요하다. 이 두 집단에게는 다음 날 유전자와 관련된 문제가 주어졌다. 유전자 발현이 억제를 통해서 통제되는 내용이었다. 따라서 억제라는 기능은 유사하나 하나는 바이러스와 효소, 다른 하나는 유전자라는 두 가지 다른 상황에서 제기된 것이다. 첫째 날 바이러스와 억제 문제가 주어졌던 학생들은 대부분 유전자 문제도 해결했다. 그러나 바이러스 문제가 주어지지 않은 학생들은 둘째 날 문제를 풀지 못했다.

흥미로운 것은 어떻게 둘째 날 질문의 답을 알게 되었는지 물었을 때 아무도 첫째 날 질문의 영향을 알아차리지 못했다는 것이다. 그러나 분명히 바이러스 문제를 받지 않은 통제 집단은 유전자 문제를 풀지 못했다. 따라서 바이러스 문제가 첫 번째 집단 학생들에게 답을 찾을 수 있도록 해준 것이다. 그러나 그들은 어떻게 답을 찾았는지 말로 표현할 수가 없었다. 무의식 수준에서 영향을 받았기 때문이다. 노먼 마이어가

준 힌트와 같이 마주 미세해서 의식하지 못한 것이다. 이 경우 의식은 다른 이유를 찾아낼 것이다.

와일더 펜필드Wilder Penfield의 연구 또한 특별하다. 그는 수년 동안 뇌 수술의 대가였다. 그의 연구는 많은 것을 바꾸었고, 그의 뛰어난 실험 들은 1930년대에서 1970년대에 이르기까지 뇌를 도식화하는 데 큰 도 움이 되었다. 간질 환자에 대한 그의 초기 연구에서는 국소마취를 한 후 두개골을 열어 뇌를 관찰했다. 뇌의 다양한 부위를 약한 전류로 자 극하면서 환자에게 어떤 느낌이 드는지 보고하도록 하거나, 환자가 자 동으로 자극에 다양한 반응을 보이게 했다. 그런데 뇌에는 신경세포가 없기 때문에 환자는 고통을 느끼지 않았다. 뇌의 기능은 신경세포로부 터의 신호를 해석하는 것이다.

유튜브 사이트에서 이와 관련된 몇 가지 영상을 실제로 볼 수 있다. 무모한 과학 실험처럼 들릴 수도 있으나, 매우 진지한 연구였다. 간질 환자의 뇌에서 장애가 있는 부분을 제거하는 수술을 할 수 있도록 최 소의 부분을 빼내고 다른 영역에 손상을 입히지 않으려는 연구였다. 그 의 기법 중 몇 가지는 오늘날에도 사용되며, 인간의 뇌에 대한 그의 도 식화는 획기적이었다.

그런데 이 연구를 통해서 뇌의 각 부분을 자극하면 서로 다른 반응 을 가져오지만, 우리는 그것을 의식하지 못한다는 사실을 이해하게 되 었다. 만일 뇌가 자극을 받아 어떤 사람의 팔이 움직이면 그는 자기가 움직이고 싶었기 때문에 팔이 움직였다고 반응한다. 뇌의 특정 영역을 자극하면 생생한 기억이 떠오른다는 잘못된 개념 또한 여기에서 비롯되었다. 전체 사례의 5~8퍼센트에서만 이런 현상이 발생했으나, 모든 단일한 기억들이 뇌에서 완벽하게 서로 연결되어 있다는 식으로 널리 해석되었다. 이는 실제 일어난 현상에 대한 엄청난 추정이었을 뿐이다.

1977년 5월에 《심리학 리뷰》에 게재된 「우리는 아는 것보다 더 많은 것을 말한다」[55]라는 제목의 유명한 논문에서 리처드 니스벳Richard E. Nisbett은 우리 정신 과정의 언어적 정당화에 대해서 다루었다. 또한 그는 우리가 의식하지 못한다는 것 자체를 의식하지 못한다고 말했다. 그는 다음과 같이 설명했다. "당신 어머니의 결혼 전 이름을 기억해보라. 기억이 났는가? 자, 이제 어떻게 기억했는지 말해보라." 그러면 대부분의 사람들은 잠시 멈칫거린다. 그냥 기억이 나서 말했기 때문이다.

우리는 그 정보를 어떻게 기억해냈는지 전혀 알지 못한다. 당연하다고 말할지 모르겠으나, 이것은 우리가 스스로 어떻게 정보를 처리하는지 전혀 알지도 못하면서 다양한 이유를 그럴듯하게 만들어낼 수 있다는 것을 보여준다. 누군가 대담하게 우리는 어떤 생각을 왜 하는지 알지 못한다고 주장하면 약간 성을 낼 수도 있다. 다음과 같은 대화를 나누면서 말이다.

"너는 X 때문에 그렇게 생각한 거야."

"아니야, 나는 Z를 먼저 생각하고 X를 생각했어."

"아닐걸."

"맞다니까."

성별도 마찬가지다.

"너는 여성이기 때문에 그녀의 말을 듣지 않은 거야."

"그건 사실이 아니야."

그러나 IAT에서 본 것처럼 그것은 사실일 수도 있다. 만일 암묵적 연합을 하고 있다면 당신은 차별적으로 평가를 하고 정당화할 것이다. 그러나 사실 우리는 그것을 알지 못한다! 더 중요한 것은 우리는 당황스러울 정도로 우리가 어떻게 결정을 내리는지 아는 것이 없다는 것이다.

물론 우리는 무의식에 의식적으로 접근하지 못하기 때문에 영원히 우리 행동을 합리화할 것이다. 우리는 발생하는 일에 의식적인 이유를 갖다 붙인다. 그러나 그 이유는 사실과 관계가 없을 수 있다. 간단히 말해서 우리는 모든 것을 지속적으로 합리화하며, 무엇이 이 과정을 이끄는지 거의 알지 못한다. 다른 사람들에게 이렇게 설명한다고 해서 그들이 "물론이죠"라고 바로 답하지는 않을 것이다. 폭스 박사의 사례에서 본 것처럼 대부분의 사람들은 이것이 사실이라고 믿지 않는다. 그러나 우리는 실제로 왜 그러한 결정을 내리고, 무엇이 영향을 미치는지 알지 못한다. 우리 모두가 그렇다.

폭스 박사의 사례로 돌아가서 일단 우리가 무의식적으로 "그가 옳다는 것을 지지할 거야"라고 결정하면 우리는 의식하지 못한 채 그것을 정당화하기 시작한다. 이것이 확증의 함정이 나타나는 방식이다. 더 중요한 것은 반대의 증거가 제시되더라도 그것을 믿지 않을 것이라는 점이다.

이 책의 앞부분에 여성이 아이디어를 제안하면 무시하고, 나중에 남성들이 여성이 제안했던 아이디어라는 걸 진심으로 모른 채 같은 생각을 제안하는 사례를 보았다. 이 또한 같은 현상이다. 여성의 제안에 집중하지 않았기 때문에 무의식적으로 중요하지 않은 것으로 판단했다. 그러나 여전히 마음은 그것을 생각하고 있었기 때문에 나중에 다시 같은 아이디어를 내놓게 된다. 주위의 관심을 많이 받는 사람과 그렇지 못한 사람 모두에게 같은 현상이 나타날 수 있다.

지위를 탐하다

지위의 역할

우리에게는 직위와 직함이 있다. 교사와 교장이 있다. 의사와 치과 의사, 실업자가 있다. 정치인과 시장, 국회의원, 판사, 경찰이 있다. 군대에는 장교가 있고, 회사에는 상사가 있다. 아마 끝없이 예를 나열할 수 있을 것이다. 좋든 싫든 간에 우리는 언제나 지위를 부여한다. 지위를 없애는 것은 매우 어렵다. 사원 간에 더 수평적인 관계를 추구하는 기업도 있고, 예전만큼 우리는 의사와 교사를 존경하지 않는다. 그러나 여전히 지위의 개념은 살아 있고 영향을 미친다. 벤틀리 자동차에서 내렸을 때 사람들이 당신을 어떻게 대하는지 살펴보라. 바보 같은 이야기이지만 재규어를 샀을 때 나는 많은 상황에서 더 존중을 받는 것을 느꼈다.

그러나 우리가 태어났을 때부터 지위의 개념이 있었던 것은 아니다. 지위는 태곳적부터 여러 시대와 여러 세기, 여러 세대에 걸쳐서 우리와 함께했다. 『성경』과 역사책을 읽어보라. 황제와 왕, 그리고 왕자와 정복자가 나온다. 모두 지위에 관한 이야기이다. 서양에서는, 적어도 내가 사는 곳에서는 동양에서보다 지위를 덜 존중하는 경향이 있다. 그러나 여전히 지위는 일상생활에서 매우 큰 역할을 한다. 우리는 의사결정자와 보잘것없는 사람을 구분한다. 누구나 CEO에게 이야기하려고 하지, 그의 비서에게 이야기하려고 하지는 않는다. 미국의 특정 지역에서는 유럽에서보다 지위의 역할이 더 크다. 미국 대통령은 유럽의 리더 중에서 누구도 갖지 못하는 광범위한 권력을 가진다. 그러나 사회적 지위는 이동하기도 한다. 은행가는 예전처럼 존경받지 못하지만 영화배우와 가수, 운동선수는 신문의 여러 면을 장식하고 있다. 지위는 여전히 우리 사회에서 강력한 역할을 한다.

이것은 우리가 부족 동물이고 역할과 리더십 기능을 배분한다는 단순한 사실로부터 비롯되었다. 아이들이 정답을 알고 싶어 하는 것을 본 적이 있는가? 내 아들도 더 어렸을 때 늘 이 세상에서 가장 빠른 자동차가 무엇인지 알고 싶어 했다. 단순한 질문이고 그것에 대한 단순한 답을 원했다. 누가 가장 뛰어난 축구선수인지도 알고 싶어 했다. 따라서 어릴 때부터 순위와 지위를 부여하는 것은 인간, 특히 남성의 본성인 듯하다. 어떤 축구선수가 최고라고 말함으로써 우리는 그를 집단의 맨 위, 가장 높은 지위를 가진 축구선수로 올려놓는다. 물론 100년 전보다는 지위의 유형이 적다. 그러나 여전히 도처에 많은 종류의 지위가 있다. 원숭이에 대한 실험도 우리가 어떻게 행동하는지 보여준다.

몽키 비즈니스

만일 원숭이들이 돈을 사용한다면 어디에 쓸까? 이것은 2005년 노스캐롤라이나 주 듀럼 시에 있는 듀크 대학의 신경생물학자들이 답하려고 했던 질문이다.[56] 물론 원숭이에게 그냥 돈을 준다면 전혀 사용하지 않을 것이다. 그들에게는 돈의 개념이 전혀 없기 때문이다. 그러나 예일 대학의 경제학자 키스 첸Keith Chen은 원숭이가 돈을 사용하는 일련의 실험[57]을 실시했다.

아주 매혹적인 이 실험에서 원숭이들은 대체로 인간과 매우 유사한 행동을 보였다. 예를 들어 손실을 이득보다 민감히 여겨 기피하려는 '손실기피 현상'을 보였고, 최소의 돈으로 최대의 가치를 획득하고자 하는 '효용극대화'와 수요량과 공급량이 같은 지점에서 가격이 정해지는 '가격이론' 법칙을 준수했다. 쉽게 말해서 당신이나 나와 매우 유사한 행동을 보였다. 원숭이들도 이런 제한된 실험에서는 호모 사피엔스처럼 행동하는 것 같다. 그런데 이것이 폭스 팩터와는 어떠한 관련이 있을까?

연구에 의하면 다음과 같다. 우선 원숭이들은 돈 대신에 체리 주스를 사용하도록 훈련받았다. 다시 말해서 어떤 행위를 선택하면 체리 주스를 어느 정도 내주어야 했다. 더 정확히 말해서 체리 주스를 내주었을 때 원숭이가 선택하는 대상이나 행위가 가치를 지니고 있어야 했다.

연구자들은 널리 알려진 실험에서 수컷 붉은털원숭이에게 두 가지 선택 사항을 주었다. 체리 주스를 그대로 마시거나, 원래의 양과 다른 체리 주스를 마시고 무리의 원숭이들 사진 중 하나를 볼 수 있는 기회를 가지는 것이다.

주스의 양을 다르게 조절함으로써 연구팀은 원숭이들이 각 사진을 얼마나 가치 있게 여기는지 알아냈다. 연구팀의 일원인 로버트 디너 Robert Deaner는 이렇게 말했다. "원숭이들은 기본적으로 주스 전문가입니다. 그들은 양의 차이에 매우 민감하지요."

흥미롭게도 원숭이들은 강한 수컷의 얼굴을 보려고 더 적은 양의 주스를 선택했다. 그러나 더 흥미로웠던 것은 원숭이들이 자신보다 약한 원숭이를 보게 하려면 연구팀이 더 많은 양의 주스를 뇌물로 줘야 했다는 사실이다. 이것은 원숭이들이 리더의 얼굴을 보는 것을 더 선호하고 낮은 지위의 원숭이를 보는 것을 회피한다는 것을 뜻한다. 따라서 원숭이에게도 지위의 개념이 있고, 높은 지위를 가진 원숭이를 보는 데 기꺼이 대가를 지불할 의사가 있다고 할 수 있다.

물론 수컷 원숭이들이 선호하고 더 많은 양의 주스를 내주기를 원하는 사진이 또 있었다. 그것은 발정 난 암컷 원숭이의 생식기를 확대

돈 대신 체리주스를 사용하도록 훈련 받은 원숭이들은
자신이 선호하는 사진을 보기 위해 많은 양의 주스를 포기했다.

한 사진이었다. 전혀 놀라운 일이 아닐 수도 있으나, 수컷 원숭이는 대부분의 수컷 호모 사피엔스처럼 포르노 보는 것을 즐긴다고 할 수 있다. 그것도 꽤 많은 양의 주스를 내주고도 말이다!

이 연구는 인간이 지위와 포르노에 매료되는 것을 보여주기도 한다. 사실 타블로이드 신문들은 늘 유명 인사와 지위, 섹스에 대한 이야기로 가득 차 있다. 아마도 인간이 매혹을 느끼는 또 다른 주제인 폭력에 대한 기사 정도가 더 있을 것이다. 우리는 발전된 사회를 이루고 있다고 생각할지 모르나, 평범한 일간지만 보더라도 어쩌면 그렇지 않을 수도 있다는 생각이 든다. 붉은털원숭이와 마찬가지로 지위와 섹스가 맨 위를 차지하고 있으니 말이다.

1960년대에 이루어진 또 하나의 독특한 실험은 가장 평범한 상황에서조차도 지위가 어떻게 영향을 미치는지 보여준다.

차 멋진데!

『무모한 과학책』에는 지위와 관련 있는 또 하나의 실험이 소개되어 있다. 1966년 사회심리학을 공부하던 앨런 그로스Allan E. Gross와 앤서니 두브Anthony N. Doob는 연구 아이디어를 찾지 못해 쩔쩔맸다. 스탠퍼드 대학의 사회심리학 강의 과제였기 때문에 그들은 무엇인가를 연구해야만 했다. 그러나 좋은 아이디어가 떠오르지 않았다.

그들은 통제된 환경에서의 실험은 신뢰할 만하지 못하다는 생각을 했다. 프라이밍 효과가 나타날 뿐만 아니라, 연구자의 질문이 종종 연구 참여자의 반응에 영향을 미쳐서 실제와는 다른 행동을 보이기 때문이다. 그래서 그들은 실험실 밖의 자연스러운 환경에서 실험하기를 원했다. 그들은 어떻게 실험을 진행할지, 그리고 가격이 어느 정도 되는 실험 도구를 사용할지, 어떻게 해야 사람들의 사적 공간을 침범하지 않을지 오랫동안 논의했다. 공격성과 불만을 이야기하면서 연구 대상이 확실하게 정해졌다. 바로 교통 체증이었다. 교통 체증을 연구하고자 그들은 두브의 17년 된 자동차에 올라타 팔로 알토 시 주위를 돌아다니다가 교차로에서 멈추기로 했다. 그리고 녹색 신호등이 켜져도 출발하지 않고 그대로 정지해 있다가 뒤차가 경적을 울리는 데 걸리는 시간을 측정했다.

그런데 이 자체만으로는 실험이라고 할 수 없다. 비교 대상이 있어야 하기 때문이다. 그래서 그들은 성별이나 자동차 탑승 인원수 등에 변화를 줄까 생각하다가 자동차의 종류를 바꿔서 실험하기로 했다. 자동차는 사회적 지위를 반영하기 때문이다. 고가의 자동차는 높은 지위를, 저가의 자동차는 낮은 지위를 나타낸다. 그러나 그들에게는 고가의 차가 없었기 때문에 교수를 비롯한 다른 사람들에게 빌리려 했으나, 연구를 위해 젊은 대학생들에게 차를 빌려주는 사람은 없었다. 아마도 젊은 대학생과 자동차 사이의 암묵적 연합 때문이었을 것이다. 그러나 마침내 그들은 차를 구할 수 있었고 연구가 시작되었다.

1966년 2월 20일, 실험 준비를 마친 두브와 그로스는 오전 10시 30분부터 오후 5시 30분까지 차를 몰고 다니다가 여섯 개의 교차로 중 한 곳을 막고 서 있었다. 어떤 결과가 나타났을까?

저가의 자동차를 몰았을 때 뒤차가 경적을 울리는 데 평균 6.8초가 걸린 반면, 고가의 자동차는 평균 8.5초가 걸렸다. 더욱이 저가 자동차의 경우에는 열여덟 명의 운전자가 경적을 다시 울렸으나, 고가 자동차의 경우에는 일곱 명만 두 번째로 경적을 울렸다. 이것은 앞을 가로막고 있는 자동차의 종류에 따라 사람들이 다르게 반응한다는 것을 보여준다. 고가 자동차의 경우 경적을 울리는 데 주저하지만 저가 자동차의 경우에는 더 쉽게 경적을 울린다.

이 실험이 처음 시도되었을 때는 어려움이 있었다. 그러나 실험이 발표되자[58] 이후 경적과 관련한 많은 추가 실험이 이어졌다.

여기서 다시 지위에 대한, 우리에게 내재된 정보처리의 문제로 돌아온다. 세상은 평등하지 않고, 높은 지위에는 많은 특권이 따른다. 만일 고가의 자동차를 가졌다면 사람들은 당신에게 다르게 반응할 것이다. 사람들이 경적을 덜 울리는 것은 지위에 따라 정보처리를 다르게 한다는 것을 보여준다. 앞에서 말했듯이 나도 재규어를 샀을 때 사람들이 여러 상황에서, 예를 들어 길에서나 차에서 내릴 때, 주유소 등에서 다르게 대우하는 것을 느낄 수 있었다. 자동차 때문에 나의 지위가 올라간 것이다.

앞의 실험에서 또 하나 흥미로운 점은 길 위에 가벼운 옷차림의 여성이 있었을 때 사람들(아마도 남성)이 경적을 울리는 데 걸리는 시간이 늘어났다는 것이다.[59] 여기서 교통 문제를 해결할 수 있는 한 가지 방안을 떠올릴 수 있다. 출퇴근 시간에 가벼운 옷차림의 매력적인 여성들이 길 위를 배회하도록 하면 남성 운전자들이 교통 체증에 더 인내할 것이다!

지금부터는 가벼운 옷차림의 '여신' 대신에 우리가 사물과 사람을 '신격화'하는 과정을 살펴보자.

신 같은 지위

지위는 재미있는 것이다. 높은 지위에 있으면 더 많은 일을 할 수 있고, 앞에서 보았듯이 살인을 포함하여 어떠한 죄를 저지르더라도 그냥 넘어갈 수 있다. 물론 하지 못하는 일, 또는 하기에는 너무 경박한 일들도 많이 생긴다. 예를 들어 다른 사람들이 있는 장소에서 코를 파거나 트림을 하는 행위 등은 용납되지 않는다. 지위가 올라가면 이러한 기본적인 신체 반응을 보이는 것은 적절하지 않게 된다. 더 이상 해서는 안 되는 농담도 있다. 우리는 높은 지위에 있는 사람의 행동을 일반 사람들과 다른 범주에 넣는 것이다.

좋든 싫든 간에 우리는 사람들에게 지위를 부여한다. 물론 이를 부인하는 사람도 있을 수 있지만, 그것은 우리가 같은 방식으로 지위를 부여하지는 않는다는 점일 것이다. 만일 당신이 팝 가수의 팬이라면 팝 가수에게 더 높은 지위를 부여하고, 스포츠 팬이라면 스포츠 스타에게 더 높은 지위를 부여할 것이다. 또한 만일 당신이 환경운동가라면 가장 영향력 있는 환경운동가에게 더 높은 지위를 부여할 것이다. 지위는 언제나 존재하며, 지위를 부여하지 않거나 지위에 반응하지 않는 사람은 본 적이 없다. 어떤 사람들은 자랑스럽게 다음과 같이 말한다. "저에게는 모든 사람이 똑같아요." 실제로 그렇게 생각하고, 어느 정도까지는 사실일지도 모르나, 지위를 부여하지 않는 일은 불가능하다. 이 세상에 대해 더 명확한 그림을 가지려면 이와 같이 순위를 매기는 과정이 필요한 것 같다.

이와 더불어 흥미로운 현상은 인격화 과정, 즉 사물에게 일정한 특성을 부여하는 것이다. 영국 브리스톨 대학의 브루스 후드Bruce Hood[60] 교수는 이것을 '도덕적 오염'이라 부르는데, 특히 카디건을 사용한 그의 실험이 대중에게 잘 알려져 있다. 2006년 노르위치에서 열린 영국과학축제에서 후드는 자기가 가져온 카디건을 입을 사람을 관중 속에서 찾았다. 후드는 이것이 하나의 '스턴트'였다고 말했다. 처음에는 약간 멈칫거렸지만 1/3의 사람들이 곧 손을 들었다. 후드가 카디건을 입은 사람에게 10파운드(우리 돈으로 17,700원 정도)를 주겠다고 하자 더 많은 사

람들이 손을 들었다. 카디건을 입고 10파운드를 받는다면 분명 남는 장
사라고 할 수 있다. 그러나 잠시 후에 후드는 1970년대에 영국에서 아
내와 함께 적어도 열두 명의 젊은 여성을 고문하거나 강간하고 살해한
악명 높은 살인자 프레드 웨스트의 이야기를 들려주었다. 그리고 자신
이 가져온 카디건이 원래 프레드 웨스트의 것이었다고 말했다. 그러자
대부분의 사람들이 즉각 손을 내렸고, 긴장한 듯 작은 웃음소리가 들렸
다. 물론 여전히 손을 들고 있는 사람들도 있었다. 자신이 이성적인 사
람이라는 것을 입증하려고 하거나, 후드가 거짓말을 한다고 추측한 남
성이 대부분이었다. 후드는 실제로 거짓말을 했다. 흥미로운 점은 고집
스럽게 손을 계속 들고 있는 그 소수의 사람들로부터 관중이 떨어져 앉
으려고 했다는 것이다.

여기서 알 수 있는 것은 우리가 아무런 특징이 없는 옷에도 특성을
부여한다는 것이다. 앞의 실험에서 사용한 카디건은 시골집 정원에서
자라는 해바라기만큼이나 평범한 것이다. 그러나 우리는 그것이 사악
하다고 생각한다. 브루스 후드는 바로 이와 같은 '미신'을 주로 연구했
다. 그런데 그의 실제 연구보다 카디건 실험이 대중 사이에 더 유명해
졌다. 후드는 이전에 관중에게 나치 모자를 써보라고 권한 폴 로진Paul
Lozin으로부터 이 아이디어를 얻었다고 했다. 2010년 후드가 출판한 『초
감각』이라는 책에는 미신의 심리학이 잘 정리되어 있다.

'카디건 스턴트'를 하기 전에 브루스 후드는 알버트 아인슈타인의

것이라고 주장한 1930년대의 펜을 관중에게 보여준 적이 있다. 사람들은 존경의 눈빛으로 바라보면서 그 펜을 서로에게 건넸고, 대부분 직접 만져보려고 했다. 우리 생각 속 사물의 특성이 영향을 준다는 것을 보여주고자 후드는 다시 거짓말을 한 것이다.

예를 들어 우리는 컴퓨터에게 "바보 같이 왜 작동하지 않는 거야!"라든가, 자동차에게 "좀만 더 힘내면 언덕을 올라갈 수 있어!"라고 말을 할 때도 있다. 클리퍼드 나스Clifford Nass는 그의 책 『랩탑에게 거짓말을 한 사람』[61]에서 우리가 실제로 사물에게 사람의 특성을 부여할 뿐만 아니라, 사람처럼 대우한다는 것을 보여준다. 만일 컴퓨터가 자신의 개인적 정보, 예를 들어 "나는 컴퓨터고 2년 후에는 구식이 되어 있을 거야" 등을 우리와 공유한다면 온라인 설문 시에 우리가 더 솔직하게 응답할지도 모른다. 나스는 우리가 컴퓨터나 기타 기술 장비와도 사회적 관계를 가지며, 그 관계에 있어서 인간의 사회 규칙들이 그대로 적용된다는 것을 보여준다. 이것은 폭스 팩터나 지위의 힘과도 직접적으로 관련되는 내용으로, 우리가 사물에게 붙이는 명칭이 강한 영향을 미친다는 사실을 알려준다.

사물에 지위를 부여하려는 인간의 성향을 브랜드나 세일즈 관리자들은 수십 년 동안이나 이용했다. 사실 상업적 의미에서의 '브랜딩'이라는 영역 전체가 제품에 특성을 부여하고, 제품과 관계를 가지려는 인간의 능력을 바탕으로 한다. 마틴 린드스트롬Martin Lindstrom의 책 『바이

올로지』[62]는 이러한 주제를 매혹적으로 다루며, 뇌에 대한 다양한 연구를 토대로 한다. 마틴 린드스트롬은 브랜드와 관련하여 미신과 종교의 효과도 살펴보았다.

우리는 사물에 부정적 지위뿐만 아니라 긍정적 지위도 부여한다. 마이클 잭슨의 사후에 열렸던, 그의 소유품에 대한 경매에서 장갑 하나의 가격이 12만 6000달러까지 올랐다. 물론 당신은 그것이 마이클 잭슨의 장갑이기 때문이라고 말할 것이다. 그러나 그것은 여전히 하나의 장갑일 뿐이다. 그것으로 당신이 할 수 있는 일은 마이클 잭슨의 장갑을 가지고 있다고 다른 사람에게 자랑하는 것뿐이다. 여기서도 높은 지위를 가졌던 사람의 것이기 때문에 사물에 긍정적인 지위를 부여하는 것을 살펴볼 수 있다. 게다가 유명 인사가 소유했던 것이기 때문에 다른 특성도 부여한다. 사물이나 사람에게 다른 특성을 부여하는 것, 이 자체가 바로 지위이다. 우리는 사람들을 다르게 바라본다. 그리고 지위는 사람의 직함이나 복장, 외모, 자신감에 따라 다르게 부여된다.

폭스 팩터와 관련해서 이것이 왜 중요할까? 우리는 지금까지 지위에 대해서 이야기하고, 자동차 등을 통해 어떻게 영향을 미치는지 살펴보았다. 더 중요한 점은 우리가 왜 사람들을 다른 관점에서 바라보는지, 그리고 특정한 사람을 어떻게 숭배하게 되는지 설명해준다는 것이다. 특성, 그것도 단순한 사실을 넘어서는 특별한 성격을 가지는 특성을 부여하는 것은 우리의 본성인 듯하다. 우리는 생명이 없는 사물에 부정적 감정을 부여하거나, 유명한 사람이 소유했다는 이유로 긍정적 감정을 부여한다. 우리 마음속에만 존재하는 특성을 사람과 사물에 부여한다.

만일 우리가 생명이 없는 사물에도 특성을 부여한다면 사람은 더 말할 필요도 없을 것이다. 따라서 폭스 박사의 경우에도 그가 '잘' 소개되었다면 그가 말을 시작하기도 전에 우리는 어떤 특성을 부여할 것이다. 마음속에서 이미 그를 '숭배'하고 있기 때문에 그와 그의 실체에 대한 판단은 왜곡되어 버린다. 만일 그가 전문가라면 전문가의 지위를 가지고 있을 것이고, 그것만으로도 매우 중요한 의미를 지닐 것이다.

갈등을 피하는 가장 쉬운 방법

만일 우리가 어떤 집단 내에서 사고를 한다면 무의식적인 정보와 영향력의 파도가 우리 마음속에 매섭게 휘몰아쳐서 더욱더 판단이 왜곡될 것이다. 지금부터 이러한 집단 사고에 대해서 살펴보자.

집단 사고의 함정

한 집단 내에서 구성원들이 집단적으로 생각하는 상황을 가리켜 '집단 사고'라는 용어를 사용한다. 집단 사고라는 용어는 1952년에 윌리엄 와이트^{William H. Whyte}라는 사람이 《포춘》에서 처음으로 사용했다.

집단 사고는 신조어로, 숨겨진 의미를 지니는 용어이다. 잠정적인 정의를 내리자면 집단 사고는 단순히 본능적으로 순종하는 것을 의미하지는 않는다. 이는 결국 인류가 반복해서 저지르는 실수이며, 합리화된 순응이다. 집단의 가치가 편리할 뿐만 아니라 옳고 좋다고 주장하는, 직설적이고 명료한 철학이다.

어빙 재니스Irving Janis[63]는 이 주제를 광범위하게 연구한 권위자이다. 그는 집단 사고를 "응집력 있는 집단 내에서 구성원이 만장일치로 추구하려는 것이 서로 다른 행동 방안을 현실적으로 평가하려는 동기보다 우선시되는 경우 나타나는 사람들의 사고방식"이라고 정의했다.

집단 사고는 조직의 맥락과 관련이 있다. 특히 1961년 미국의 피그만 침공사건의 원인으로 널리 지목되었다. CIA가 훈련시킨 1500명의 쿠바 망명자들이 쿠바 정부의 전복을 위해 피그만에 침공했다가 대패한 사건이다. 많은 연구자들은 미군과 같이 훌륭한 연구 능력과 실행 능력을 갖춘 조직에서 어떻게 그렇게 어리석은 결정을 내렸는지 궁금해했다. 때때로 바보 같은 결정을 내리는 대기업에서도 이런 현상을 찾아볼 수 있다. 최근에 내가 읽은 인용문은 다음과 같다. "한 사람만 있어도 꽤 바보 같을 수 있다. 그러나 진정으로 멍청한 것을 원한다면 팀워크만 한 것이 없다."

집단 사고는 응집력 있는 집단에서 갈등을 피하는 경향이 있어 구성원이 모두 어떤 아이디어나 전략을 순간적인 흐름에 휩쓸려 비판적 분석 없이 좋다고 판단하는 사태를 말한다. 현재에 와서 돌이켜보면 사람들은 특정 조직에서 왜 그와 같은 결정을 내렸는지 이해하지 못한다. 그러나 사실 일상생활에서 우리도 대부분 그와 유사한 형태로 결정을 내린다. 나는 동일한 방향으로 이끌리는 집단을 가리켜 집단 사고라는 용어를 사용하도록 하겠다. 이 현상은 당신이 생각하는 것보다 훨씬 빈

번하게 일어나고, 매일 이 함정에 빠질 위험이 있다.

지금까지 우리는 무의식적으로 영향을 미치는 다양한 요인들을 살펴보았다. 프라이밍 같은 개념은 집단 수준에서도 유효하다. 확증의 함정도 집단 내에서 우리의 판단을 왜곡시킨다. 어떤 주제에 대해서 당신이 긍정적으로, 또는 부정적으로 말하기 시작하면 이것은 당신이 사용하는 단어에 반영될 것이고, 결국 집단 내의 다른 사람들에게도 영향을 미칠 것이다. 그러면 그들은 당신의 주장을 지지하게 되고, 전체적인 의사결정 과정이 왜곡되며, 결국 집단 전체가 무의식적 정보처리의 흐름에 이끌려서 옳지 못한 판단을 내리게 될 것이다. 집단에 의해 흔들리지 않기는 매우 어렵다. 우리 모두는 결국 사회적 상호작용과 수용을 추구하는 인간일 뿐이다. 그리고 아무리 대항하고 이성적으로 사고하려고 해도 집단의 견해에 영향을 받을 수밖에 없다.

믿지 않는 것을 말하기

믿지 않는 것을 말한다는 것이 약간 이상하게 들릴 수 있으나, 상당히 많은 사람들이 자주 이렇게 할 것이다. 물론 신념이 얼마나 강한가에 따라서, 또 주제가 무엇인지에 따라서 다르게 행동할 수도 있다. 그런데도 주위 집단의 영향을 강하게 받아 때로는 우리가 실제로 생각하는 것을 말하기가 어려운 상황이 있다. 이 경우 동의하기보다는 그냥 침묵을 지킨다.

사회심리학의 창시자 중 한 명인 무자퍼 셰리프Muzafer Sherif는 1935년에 박사 논문을 작성하면서 이 주제를 살펴보았다. 이것은 그의 첫 번째 고전인 『사회 규범의 심리학』의 토대를 마련해주었다. 그의 첫 실험을 위키피디아는 다음과 같이 설명한다.

그의 박사 논문 주제는 지각 과정에서의 사회적 영향이었다. 그의 실험은 '자동 반응 효과' 실험[64]으로 알려졌다. 완전히 캄캄한 방 안에서 빛으로 된 조그만 점이 벽에 비춰진다. 그리고 잠시 후에 그 점이 움직이는 것처럼 보인다. 이러한 현상은 순전히 머릿속에서 일어나는 것으로, 움직임에 대한 '참조 틀'이 전혀 없기 때문에 그렇게 보이는 것이다. 세 명의 참여자가 방에 들어가서 불빛을 쳐다본다. 참여자는 불빛으로 된 점이 얼마나 멀리 움직였는지 추정해야 한다. 그들은 추정한 거리를 입으로 말해야 하는데, 실험을 반복하면 각 집단 내에서 추정한 거리가 하나로 모아진다. 어떤 집단은 먼 거리를, 다른 집단은 가까운 거리를, 그리고 또 다른 집단은 중간 정도의 거리를 추정한다. 여기서 중요한 발견은 각 집단이 서로 다른 수준에서 지각에 대한 '사회적 규범'을 찾았다는 것이다. 그리고 이 과정은 자연스럽게 구성원 간의 논의나 설득 없이 이루어졌다.

일주일 후 참여자들을 개별적으로 불러서 암실에서 혼자 실험을 실시한 후 불빛이 움직인 거리를 보고하게 했을 때 그들은 자신이 원래 속해 있던 집단에서 추정했던 거리를 그대로 반복했다. 각 개인은 집단 내에 있을 때 지각했던 것과 같은 거리를 보고했기 때문에 각 집단의 영향력은 강압적이 아니었다는 것을 알 수 있다. 셰리프는 그들이 원래 속해 있던 집단의 관점을 내면화했다고 결론을 내렸다. 자동 반응 효과 현상은 전적으로 사람의 지각 체계의 산물이기 때문에 이 사회가 각 사람 '몸속' 깊숙이 들어가 신체와 심리 감각을 받아들이는 방식에까지 영향을 미친다는 것을 입증한다.

지금부터는 '규범적 사회 영향'을 살펴보도록 하겠다. 이것은 집단의 한 구성원이 다른 사람들로부터 호감을 얻거나 수용되고자 순응하는 경우를 말한다. 그 결과로 대중 순응, 즉 믿지 않는 것을 말하거나 행동으로 옮기는 현상이 발생한다. 솔로몬 아시^{Solomon E. Asch}가 실험실에서 이 현상을 최초로 연구한 심리학자이다. 그는 셰리프의 연구를 변경하여 상황이 명백한 경우에는 사람들이 순응하는 정도가 매우 감소할 것이라고 가정했다. 그는 사람들에게 몇 개의 선을 보여주고, 기준이 되는 선과 같은 길이의 선을 고르게 했다. 그런데 비밀리에 연구 참여자 중 한 명에게는 열여덟 번 중 열두 번 잘못된 답을 말하도록 했다. 연구 결과[65] 참여자들은 놀랍게도 순응의 정도가 매우 높았다. 참여자 중 76퍼센트는 적어도 한 번 순응했으며, 평균적으로 전체 회수의 1/3 정도에 해당하는 회수만큼 순응했다. 그러나 이 실험의 데이터를 다시 해석한 호지스Hodges와 게이어Geyer[66]는 아시의 피실험자들이 그 정도로 순응적이지는 않았다는 것을 밝혔다.

그들은 우리에게 다른 사람들이 거짓을 이야기하더라도 진실을 이야기하고자 하는 경향이 있다는 것을 보여주었다. 그러나 더 중요한 점은 다른 사람의 견해에 사람들이 관심을 가진다는 것을 분명히 입증했다는 것이다. 앞의 실험에서 피실험자가 처했던 상황을 고려해보면 서로 분간하기 힘든, 다양한 요구가 주어졌다는 것을 알 수 있다. 여기에는 진실을 이야기하는 것과 신뢰, 사회연대 등에 대한 요구가 있다.

여기서 다양한 도덕적 문제도 제기될 수 있다. 예를 들어 피실험자는 다른 사람들과 실험자, 자신의 도덕성과 만족, 그리고 과학 연구의 가치를 고려해야 했을 것이다. 따라서 아시의 연구 결과가 수정되었다 하더라도 우리는 여전히 다양한 요인들이 피실험자의 결정에 영향을 미쳤다는 사실을 알 수 있다. 그리고 그중 다수는 무의식적으로 처리되었을 것이다. 그러나 어쩌면 셰리프가 했던 원래의 실험이 우리에게는 더 중요한 의미를 지닐지도 모른다. 폭스 박사의 사례는 명백한 차이가 아니라 미세한 해석상의 차이에 관한 것이기 때문이다.

규범적 영향은 다음과 같이 세 가지 요소로 구성되는 사회 영향 이론의 함수로 나타난다. '집단 내 사람의 수'는 놀라운 효과가 있다. 사람의 수가 증가할수록 각 개인이 가지는 영향력은 감소한다. '집단의 힘'은 어떤 사람에게 그 집단이 얼마나 중요한지를 의미한다. 우리가 중요하게 생각하는 집단은 사회적 영향력이 더 크다. '직접성'은 집단이 영향을 미치는 동안 시공간상으로 얼마나 근접해 있는지를 말한다.

심리학자들은 이 세 가지 요인으로 수학 모형을 만들었고, 어느 정도까지는 정확하게 순응의 정도를 예측할 수 있었다. 따라서 순응이 일어날 때에는 다양한 요인의 영향을 받으며, 어느 정도 예측이 가능하다.

아이오와 대학의 로버트 배런Robert Baron은 동료들과 함께 '목격자 연구Eyewitness study'[67]를 실시했다. 이 연구에서는 순응하고자 하는 동기 수준이 높은지 낮은지에 따라서 순응의 정도에 차이가 많이 난다는 사실을 발견했다. 정확성이 중요하지 않을 때에는 사회적으로 용인받지 못하는 위험을 감수하는 것보다 차라리 잘못된 답을 알려주는 것이 낫다고 생각한 것이다.

아시의 연구와 비슷한 방식을 사용한 실험에서는 여섯 명의 친구로 구성된 집단이 여섯 명의 낯선 사람으로 구성된 집단보다 순응의 정도가 유의미하게 낮다는 사실이 발견되었다. 친구들은 서로를 잘 알고 이미 서로를 수용했기 때문에 특정 상황에서 순응해야 한다는 규범적 압력이 더 약하게 작용할 것이다. 그러나 담배와 알코올 남용에 대한 현장 연구에서는 친구들이 서로 규범적 영향력을 미치려고 하는 경향이 발견되었다.

이 모든 내용은 집단 사고의 개념과 잘 연결된다. 우리는 집단의 영향을 받고, 집단에 의해 흔들린다. 비록 연구를 통해서 순응의 정도가 주제의 중요성과 집단 크기, 구성원이 서로에게 익숙한 정도 등 다양한 요인에 의해 결정된다는 것을 알 수 있으나, 명확하고 단순한 주제에 대해서도 쉽게 흔들릴 수 있다는 사실은 여전히 흥미롭다. 이 또한 바깥에서 보았을 때에는 이러한 함정에 빠지지 않을 것 같은 느낌이 든다. 그러나 이 과정은 무의식적으로 일어나는 것이다. 우리는 이성적으로 집단에 순응할지 안 할지를 결정하는 것이 아니라, 무의식적으로 순응하기로 결정한 다음 스스로를 그 방향으로 끌어들이는 것이다. 이에 더해 확증의 함정과 지위, 그리고 다른 무의식적인 요인들의 영향을 받는다면 순응하는 정도는 치솟을 것이다.

그렇다면 이것은 폭스 박사의 사례나 폭스 팩터와 어떻게 연결되는 것일까? 간단히 말해서 폭스 박사에 대한 집단의 견해가 우리에게 영향을 미친다는 것이다. 만일 집단에서 폭스 박사가 굉장한 사람이라고 믿는다면 나 또한 그렇게 믿거나, 적어도 그와 같은 방향으로 견해가 바뀔 것이다. 게다가 이것은 규범적 영향력 실험처럼 옳고 그른 답이 분명한 사례가 아니다. 한 사람의 자질이나 강연의 수준과 같이 더 복잡하며, 다른 영향을 쉽게 받을 수 있는 주제를 말하는 것이다. 한 선이 다른 선보다 긴지 묻는 단순하고 명확한 답이 있는 문제가 아니라, 주관적인 판단이 요구되는 문제이다.

집단 사고의 다양한 측면을 연구한 이론들이 언급하지 않은 것이 있다. 바로 마이크로메시징의 효과이다. 집단이 보내는 메시지는 미세하더라도 우리 판단에 영향을 미칠 것이다. 게다가 더욱 중요한 점은 앞에서 말했듯이 이 미세한 메시지들이 무의식적으로 처리된다는 것이다. 따라서 우리를 집단 사고로 이끄는 수많은 신호들이 존재하며, 이것들은 우리가 깨닫지도 못한 사이에 우리 판단에 영향을 미친다. 실제로 프라이밍에 대한 실험은 단어 게임과 같이 미세한 요인도 우리 행동에 영향을 미칠 수 있다는 것을 보여준다.

이는 논리적인 것과는 달리 무의식적인 과정이기 때문에 더욱 강력할 수 있다. 그리고 아주 미세해서 우리 마음은 이성적으로 싸움조차 할 수 없다. 뇌 안에서 전기신호가 미세하게 달라지면 우리는 전혀 의식하지 못한 채 집단 사고의 길을 따라가기 시작하는 것이다. 그리고 나서 왜 그런 생각을 했는지 매우 논리적인 이유를 댈 것이다. 게다가 우리는 긍정적, 또는 부정적 순환에도 빠질 수 있다.

긍정적·부정적 순환

당신은 책을 사려고 한다. 그러면 아마도 온라인 서점에 접속하거나 오프라인 서점을 방문할 것이다. 이미 들어본 적이 있는 책을 찾거나 검색할 것이다. 이제 당신은 긍정적 순환, 혹은 심리학 용어로 '누적 이득'의 영향을 받을 가능성이 매우 커졌다. 이 영향에서 벗어나기는 사실상 불가능하다.

다양한 온라인 서점의 웹사이트에서는 당신에게 많이 판매된 책을 추천할 것이다. 많이 판매되었기 때문에 추천을 하고, 추천을 하기 때문에, 또는 검색 결과에 제시되기 때문에 당신은 그 책을 구입할 것이다. 당신이 책을 구입하면 그 책의 판매량은 올라가고, 판매량이 많기 때문에 그 책은 다시 추천을 받을 것이다. 추천을 많이 받았기 때문에 더 많은 사람들이 그 책을 구입하게 되고, 이와 같은 방식으로 순환이 계속된다. 이것이 바로 누적 이득이다. 만일 당신이 그 책의 작가이거나 떠오르는 팝 스타라면 무척 반가운 현상일 것이다. 그런데 우리 삶 속에서 이러한 현상은 매우 자주 나타난다. 마음속에 각인된 단어가 우리 반응에 영향을 미치는 프라이밍 효과 또한 함께 영향을 미칠 가능성이 높다. 만일 어떤 사람이 좋은 책이라고 이야기하면 다음 사람은 '좋은 책'이라는 관점에서 그것을 판단하기 시작할 것이다. 물론 좋은 책이라고 확신까지는 하지 않더라도 아무런 정보를 듣지 않은 경우보다는 더 좋게 평가할 가능성이 높아진다. 따라서 긍정적 순환은 무엇이 좋은지에 대한 집단의 판단에 영향을 미칠 것이다. 만일 우리가 어떤 것이 좋다고 함께 믿으면 계속해서 좋은 평가를 내릴 것이고, 그러면 위에서 보았듯이 더 많은 양이 판매될 것이다.

2007년 4월 15일 던컨 왓츠Duncan J. Watts는 미국의 유명 팝 가수를 거론하여 「저스틴 팀버레이크는 누적 이득의 산물인가?」[68]라는 기사를 《뉴욕타임스》에 실었다. 누적 이득 효과가 음악을 평가하는 데 작용한다는 내용으로, 만일 음악 세계에서 역사가 무수히 반복된다면 비록 동일한 가수들이 활동을 한다 하더라도 매번 다른 사람이 '최고의 가수'가 될 것이라고 본 것이다. 따라서 만일 한 번은 마이클 잭슨이 가장 유명한 가수가 된다면, 다음번에는 우리가 전혀 들어보지 못한 사람이 최고의 가수가 될 수 있는 것이다.

그는 이를 실험해보기로 했다. 그런데 발생하지 않은 사건을 측정하거나 예측하기가 어렵기 때문에 현실에서는 누적 이득을 실험하기가 쉽지 않다. 따라서 실험에 사용되는 모형과 시뮬레이션은 언제나 비판에 열려 있다. 그러나 첨단 기술 시대를 맞아 컴퓨터와 인터넷, SNS, 음악 사이트와 아이튠즈 같은 도구들은 새로운 연구를 시도할 수 있는 가능성을 열고 있다.

던컨 왓츠는 다음과 같이 설명한다.

《사이언스》에 게재된 2006년의 연구에서는 14,000명 이상이 우리 웹사이트인 뮤직랩www.musiclab.columbia.edu에 등록했다. 우리는 그들에게 전혀 들어보지 못한 밴드의 노래를 다운로드하고 평가하도록 청했다. 어떤 참여자들은 노래 제목과 밴드 이름만 확인했으나, 또 다른 참여자들은 노래의 다운로드 횟수를 확인했다. 우리는 이 두 번째 집단을 '사회적 영향'의 조건하에 있는 집단이라 부르고 여덟 개의 하위 집단으로 나누어 참여자들이 자신이 속한 집단 내에서의 다운로드 횟수만 확인이 가능하도록 만들었다. 우리는 다운로드 순위를 전혀 조작하지 않았다. 각 하위 집단 내에서 모든 음악의 다운로드 횟수는 0인 상태로 실험이 시작되었다. 그런데 각 집단은 분리되어 있었기 때문에 이후 서로 다른 양상이 나타날 수 있었다. 이 실험 환경을 통해 두 가지 예측 실험이 가능했다. 첫째로, 만일 다른 사람들이 어떤 음악을 좋아하는지에 관계없이 사람들이 좋아하는 음악을 선택한다면 사회적 영향을 받은 집단에서나 그렇지 않은 집단에서나 가장 성공적인 노래들은 유사한 시장점유율을 보여야 할 것이다. 다시 말해서 다른 사람들이 어떤 노래를 다운로드했다는 사실을 안다고 해서 그 노래의 다운로드 횟수가 증가해서는 안 된다. 둘째로, 사회적 영향을 받은 하위 집단 내에서 동일한 노래들이 최고의 노래로 선택되어야 할 것이다. 그러나 우리가 얻은 것은 완전히 반대의 결과였다. 사회적 영향을 받은 집단에서는 그렇지 않은 집단보다 인기 있는 노래들이 더욱 인기가 좋았다. 그리고 인기가 없는 노래들은 더욱 인기가 없었다. 또한 사회적 영향을 받은 각 집단 내에서 인기가 있는 노래들은 서로 달랐다. 이와 같은 결과는 누적 이득 이론이 예측하는 대로이다. 인간의 의사결정 과정에 사회적 영향력이 개입되면 인기 좋은 것은 더 인기가 좋아질 뿐만 아니라, 어떤 것이 인기가 좋아질지 예측하기가 더 어려워진다.

따라서 누적 이득은 비교적 자유롭게 작용한다. 이것은 성공한 사람들에 대한 우리의 인식에 시사해주는 바가 많다. 어떤 사람들은 받아들이기가 힘들지도 모르겠으나, 사회적 성공은 개인적 재능이나 특성이 아니라, 누적 이득의 영향을 극적으로 받는다는 것을 알 수 있다. 실제로 2008년의 재정 위기를 예측한 『블랙 스완』의 저자이기도 한 나심 탈레브Nassim Taleb 는 『우리는 운에 속는다』라는 책에서 이 주제를 직접적으로 다루며, 레너드 플로디노프Leonard Mlodinow 도 『술고래의 걸음』이라는 책에서 이에 대해 살펴보고 있다.

앞의 연구 결과를 더 널리 적용해본다면, 우리는 지속적으로 성공한 사람들의 기술과 재능을 분석하고, 성공에 대한 이론을 끊임없이 만들어내고 있으나, 사실 우리가 평가하는 것은 임의적인 외부 요인일 수 있다. 성공의 실제 원인은 누적 이득과 강하게 연결되어 있기 때문이다. 이는 경영학 연구나 성공적인 기업의 사례 연구에서도 시사하는 바가 크다. 기업의 전략이나 리더의 자질 등과 관계없이 누적 이득은 어느 정도까지 영향을 미치는 것일까? 많은 기업의 리더들은 이를 곧바로 부인할 수도 있으나, 내 생각에는 앞으로 더 주의를 기울여야 할 문제이다.

여기서 다시 폭스 박사의 사례로 돌아오면, 우리는 그가 다른 사람들에게 칭찬을 받았기 때문에 훌륭하다고 생각하고 그를 '다운로드' 받으려는 것일까? 그럴지도 모른다. 특히 청중이 그의 편이면 더욱 그럴 수 있다. 지금부터 군중 효과에 대해서 알아보자.

군중의 영향

어떤 방 안에 들어섰을 때 분위기가 밝고 명랑한 느낌을 받아본 적이 있는가? 또는 어둡고 슬픈 느낌을 받아본 적이 있는가? 방 안에 들어서 자마자 적대적이고 공격적인 분위기를 느껴본 적이 있는가? 아니면 심각하고 진지한 분위기를 느껴본 적이 있는가? 분명히 이와 같은 경험을 해보았을 것이다. 방이 분위기를 가질 수 있다는 것이 좀 우스울 수도 있다. 그러나 분위기가 매우 강해서 마치 우리 손에 잡힐 것 같은 경우를 접하기도 한다.

실제로 분위기라는 것이 있고, 우리 모두는 그것을 느낄 수 있다. 우울하고 슬픈 분위기의 방에 들어가면 명랑한 기분을 가지기가 힘들다. 마찬가지로 모든 사람들이 즐겁고 명랑한 방에서는 슬프고 언짢은 상태로 있기가 힘들다. 물론 어떤 사람들은 이런 상태를 유지하기도 하지만 대다수는 그렇지 않다.

이를 바탕으로 모든 사람이 폭스 박사에게 관심을 가지고 매료된다면 당신 또한 그 분위기에 이끌릴 것이라고 가정할 수 있다. 이와 같은 분위기에 저항하기는 매우 어렵다. 당신은 의식하지 못하는 사이에 분위기에 이끌려 폭스 박사에게 열중하고 그로부터 좋은 인상을 받을 것이다. 그리고 이렇게 함으로써 당신은 그와 같은 분위기가 형성되는 데 다시 기여를 하고, 그 효과는 눈덩이처럼 불어나 다른 사람들 또한 더 관심을 가지고 열중할 것이다. 폭스 박사에 의해 촉발된 눈덩이 효과는 점점 더 커지고 강력해져서 더 많은 사람들이 몰입하게 되고, 그 감정은 바이러스처럼 이 사람에서 저 사람으로 퍼져나갈 것이다.

이것이 바로 군중이 미치는 영향이라고 할 수 있다. 이와 관련해서 우리는 구체적으로 거울뉴런을 생각해볼 수 있다. 뇌에 있는 거울뉴런[69]은 지아코모 리졸라티Giacomo Rizzolatti 연구팀이 이탈리아 파르마에 있는 신경과학 실험실에서 최초로 발견했다. 그들은 짧은꼬리원숭이의 뇌에 있는 뉴런에 전선을 연결했는데, 어느 날 실험실에서 연구자가 아이스크림을 먹으려고 손을 올렸을 때 원숭이의 뇌세포가 활성화되는 것을 발견했다. 이 일화에는 다른 버전이 많이 있다. 연구자가 실제로 아이스크림을 먹었을 가능성은 낮으나 나는 이 버전을 좋아한다. 더구나 아이스크림으로 유명한 이탈리아가 아닌가! 사실 연구자가 평범한 간식을 먹었을 가능성이 가장 높다.

그들이 전선을 연결한 뉴런은 움직임을 관장하는 운동뉴런이었는데, 뇌에서 가장 큰 뉴런이기 때문에 전선을 연결하기도 가장 쉬웠다. 물론 뉴런의 크기는 매우 작기 때문에 뉴런에 전선을 연결하는 것 자체는 몹시 힘든 일이다.

처음에 연구팀은 컴퓨터에 이상이 있다고 생각했다. 원숭이는 분명히 움직이지 않았기 때문이다. 그러나 이후에 다시 반복해서 조사한 결과, 컴퓨터에 이상이 있는 것이 아니라 그들이 우연히 새로운 것을 발견했다는 사실을 알게 되었다. 그것은 다른 사람의 팔이 움직이는 것을 보면 활성화되는 팔운동 뉴런이었다. 이후에 그들은 이 연구에 대한 논문을 제출했는데, 언론의 편집자들이 논문에 담긴 뜻을 알아보지 못하고 관심을 가지지 않았기 때문에 처음에는 게재가 거절되었다. 그러나 얼마 후에 학계로부터 열광적인 호응을 얻게 되었고, 거울뉴런에 대한 연구가 무수히 이어졌다. 라마찬드란V. S. Ramachandran과 이아코보니Iacoboni를 비롯한 다수의 저명한 학자들도 거울뉴런에 대한 연구를 실시했다.

거울뉴런이 가지는 의미는 매우 크다. 우리는 뇌 속에 다른 사람들의 행동을 비추는 거울뉴런을 가지고 있기 때문에 주위 사람들과 연결되어 있다고 할 수 있다. 실제로 친구와 매우 열띤 대화를 나누면 우리 뇌는 서로 유사한 패턴으로 활성화되는 동시성[70]의 상태가 된다. 상상 속에서가 아니라 생물학적으로 같은 파장을 가지게 되는 것이다.

이후의 연구는 거울뉴런[71]이 다른 사람의 의도를 비출 수도 있다는 사실을 보여준다. 이것은 우리가 공감하는 과정에 시사하는 바가 크다. 분명한 것은 우리가 다른 사람의 감정을 파악할 수 있고, 우리 뇌는 그 감정을 비춘다는 것이다. 거울뉴런은 반응을 일으키는 데 필요한 최소한의 자극 강도인 역치에 도달하지 못하는 수준에서 활성화되기 때문에 다른 사람이 팔을 움직이는 것을 보더라도 실제로 자신의 팔을 움직이지는 않는다. 그러나 팔을 움직이기가 더 쉬워지기는 한다.

이 현상은 여러 가지를 말해준다. 자신감 있고 강한 폭스 박사를 쳐다보면 우리 또한 자신감이 생기고 강해지는 것 같아서 기분이 좋아진다. 연설을 잘하는 사람을 보면 그 몸짓 언어를 보면서 거울뉴런이 활성화되기 때문에 기분이 좋아진다. 매우 긴장한 연사에 대해서도 마찬가지이다. 훌륭하지 못하거나 당혹스러운 연설을 들으면 우리도 그 자리에서 움츠러들기 시작한다. 거울뉴런이 열심히 작동하고 있기 때문이다.

주위 사람들도 당신에게 영향을 미칠 것이다. 이것이 우리가 분위기를 느낄 수 있는 이유이다. 만일 방 안에 앉아 있는 사람들이 모두 흥분하면 당신의 거울뉴런 또한 강하고 빠르게 활성화된다. 따라서 사람들의 감정은 전염이 되고 서로에게 영향을 미친다. 이는 기업에서 관리자가 자신이 말한 대로 행동을 해야만 하는 과학적 근거이기도 하다. 만일 그렇게 하지 않는다면 부하 직원도 거울뉴런이 활성화되지 않기 때문에 행동으로 옮기지 않을 것이다. 그리고 계속 강조했듯이 이 과정은 무의식적으로 이루어진다.

물론 우리가 언제나 주변 분위기의 영향을 받는 것은 아니다. 한방에서도 서로 다른 기분을 느끼는 사람들이 충분히 있을 수 있다. 거울뉴런은 단지 영향을 미칠 수 있는 요인 중 하나이다. 그러나 일단 눈덩이처럼 그 효과가 커지기 시작하면 강력한 힘을 지닌다. 종종 우리는 긍정적으로든 부정적으로든 주위 사람들의 감정에 특히 영향을 잘 미치는 사람들이 있다. 이 사람들을 우리는 리더라고 부른다. 이들은 어떤 유형의 사람인가? 사실 우리는 감정에 영향을 잘 미치는 이들이 다른 사람과 어떤 차이가 있는지 정확하게 알지 못한다. 그러나 분명히 말할 수 있는 것은 리더가 될 가능성이 높은 사람들이라는 것이다. 따라서 권한을 가진 자리에 있는 사람은 다른 사람들에게 영향을 미칠 가능성이 더 높다. 그러므로 직장에서 상사가 기분이 나쁜 상태이면 팀 전체가 즐겁고 명랑한 기분을 가지기 힘들어진다.

결국 폭스 박사는 청중의 거울뉴런에 영향을 미치고, 청중은 자신의 거울뉴런에 스스로 영향을 미침으로써 눈덩이 같은 효과가 발생했을 가능성이 높다.

의사결정의 불편한 진실

지금까지 폭스 박사의 실험에서 발생한 현상의 핵심적인 부분을 다루었다. 미세하게, 그리고 의식하지 못하는 사이에 우리의 판단과 행동, 사고 과정에 영향을 미치는 의사결정 과정에 대해서 살펴보았다.

어떤 사람에게는 불편한 진실일 수도 있으나, 실제로 우리는 스스로 조종하지 못하는 요인들의 영향을 받으며, 그 영향에서 벗어나기가 사실상 불가능하다. 인간에게는 자연스러운 과정이며, 이것은 우리가 태어날 때부터 지속되어 왔다. 일요일 오후에 폭스 박사에 대한 기사를 읽었을 때 특히 충격적이었던 것은 내가 본능적으로 사실이라고 느꼈던 것을 명확하게, 그리고 과학적으로 설명해준다는 사실이었다. 우리는 사람들의 영향을 강하게 극적으로 받으며, 실제의 속성과 그 속성에 대한 피드백이나 인식은 상관관계가 없을 수 있다.

모든 강력한 연사들이 폭스 박사의 경우와 같을 것이라고 생각할 필요는 없다. 그보다는 더 주의를 기울여서 듣고, 내용을 약간 더 의심하는 편이 낫다. 만일 폭스 박사와 같은 힘이 당신에게 없다면 어떻게 해야 할까? 이것이 다음 장에서 다루게 될 내용이다. 바로 폭스 박사에게 대항하는 방법이다.

2부 요약

- 우리 뇌는 능동적으로 사고하지 않고 무의식적으로 작동하기를 좋아한다. 뇌는 언제나 더 단순한 해결안을 찾고, 그것을 더 단순한 형태로 제시하고자 한다. 이러한 경제적인 뇌 활동으로 인해 엄청난 양의 정보를 한꺼번에 처리할 수 있는 것이다.

- 무의식적인 정보처리는 빠르고 효과적으로 의사결정을 하게 하지만 우리를 잘못된 길로 유도하기도 한다. 의사결정 과정은 생각하는 것만큼 견고하지 않다. 단어처럼 사소한 자극에 영향을 받거나 얼굴 표정, 끄덕임 등을 통한 연합과 예단, 누적 이득과 같이 인식에 영향을 미치는 요인들로부터 벗어나기는 쉽지 않다. 뇌가 작동하는 방식이 그렇기 때문이다.

- 폭스 팩터는 의사결정 과정 중에 우리 마음속에서 일어나는 무의식적인 현상에 의한 것이다. 그래서 쉽게 알아차리지 못하고, 간파하기도 어려우며, 때때로 엄청난 힘을 발휘하기도 한다.

3부

폭스 박사 이겨내기

짧은 시간 안에 이미지를 바꾸는 방법

여러 종류의 비즈니스를 경험한 내 입장에서 보자면
실제 능력보다 크게 과대평가되는 사람들이 많다. 폭스 팩터 때문이다.

폭스 박사 꿰뚫어 보기

황금빛 조각을 찾아내는 일

부디 오해하지 않기를 바란다. 폭스 팩터는 거짓된 이미지를 만들어내
는 것이 아니라 스스로를 만들어가는 것이다. 능력을 기르고 지식을 쌓
고, 리더십을 기르는 것은 성공하는 데 반드시 필요한 것들이다.

리처드 탬플러는 자신의 저서 『일의 법칙』에서 드레스 코드 같이 폭
스 팩터에 영향을 미치는 요인들을 언급한다. 이 책에서 그는 필요한 지
식을 얻으려면 죽도록 일해야 한다고 말한다.

"지식을 쌓고 자신의 폭스 팩터를 만들어라. 그러나 명심하라. 지식이 다가 아니다. 그 지식을 가지고 무엇을 할 것인지, 어떻게 활용하고, 어떻게 연관 짓고, 그 의미가 무엇인지를 꿰뚫어 보는 것이 중요하다. 이 세상의 모든 지식을 다 얻을 수 있다고 해도 어떻게 사용할 것인지 모르고, 적절하게 활용하지 못한다면 아무런 소용이 없다."

사람들이 서로를 인식하는 방식에 있어 어떻게 하면 상대에게 좋게 인식될 수 있는지 알아보기 전에 폭스 박사를 전반적으로 살펴볼 필요가 있다.

1973년의 실험에서 우리가 일정 수준에 있었다면 그가 터무니없는 말을 하고 있다는 사실을 알아차렸을 것이다. 그러나 그보다 중요한 것은 강의가 진행되는 동안 자리에 앉아 있는 것이다. 강의를 꿰뚫어 보는 것이 아니라 강의를 즐겁게 경청하는 것이다. 이것이 핵심이다.

우리 주위에는 언제나 유용한 정보들이 있다. 사실 우리는 지금 강력한 정보의 바다에서 헤엄치고 있다. 단지 우리 눈에 보이지 않을 뿐이다. 그것을 알아채는 방법을 배우지 않았거나 정보를 받아들이는 훈련이 되어 있지 않기 때문이다.

있어야 할 곳에 폭스 박사를 놓아두는 것, 그리고 동시에 진흙 속에서 풍부한 정보를 골라내어 그 속에 있는 황금빛 조각을 찾아내는 것이야말로 우리 삶을 최고로 만들어줄 것이다.

의식 깨우기

의식은 인생의 열쇠이다. 밑줄을 긋자. 왜 이렇게 강조하느냐고? 의식한다는 것은 주의를 기울인다는 것이고, 주의를 기울인다는 것은 무언가에 정신적으로 매달린다는 말이다. 무엇인가에 매달리게 되면 그것을 바꾸고, 더 좋게 만들고, 기억할 수 있다. 의식이 없으면 아무것도 없다.

의식은 사회 지능, 정서 지능의 핵심 요소이다. 타인의 감정과 반응을 알 수 있기 때문이다. 사실 나는 개인적으로 의식을 정서 지능의 핵심이라고 믿는다. 다른 사람이나 우리 주위에 무슨 일이 일어나는지 알지 못한다면 정서적으로 반응할 수 없기 때문이다.

또 한 가지, 의식은 내적 개념으로써 자신을 알고, 자신의 감정과 기분을 아는 것이다. 결국 내가 독자들에게 뇌 처리 과정이 어떻게 무의식적으로 진행되는지 알려준다면 독자들은 그 엄청난 정보들이 자신도 모르는 사이에 처리된다는 사실을 눈으로 확인할 수 있을 것이다. 정보가 무의식적으로 처리된다고 해도 어떻게 처리되는지 전혀 알 수 없는 것은 아니다. 그 반대로 생각하면 된다. 무의식적으로 정보가 처리된다는 말은 처리할 정보가 있다는 말이고, 처리되는 정보들이 더 잘 확인되어야 한다는 말이다.

직관적으로 사람들이 지금 어떤 감정인지를 미묘하게 단번에 알아채는 사람들에 대한 이야기를 다시 해보자. 이 책 앞부분에서 새로 부임한 직장 상사를 본 순간 상어가 떠올랐다는 여성의 이야기를 한 적이 있다. 그 여성의 무의식이 상어를 떠올리게 했고, 그것이 어떤 느낌인지 알았다. 한 걸음 더 나아가 그녀는 상어 이미지를 상세히 만들어낼 수 있었고 이건 아니다 싶었을 것이다. 때로는 의식한다는 것 때문에 끔찍한 순간이 오기도 한다. 끔찍한 일이고, 상상하기 싫을 만큼 기분 나쁘다.

다음은 변화맹Change blindness이라는 실험이다. 이 실험은 연속 제시되는 장면들에서 어느 한 부분의 변화가 있음에도 이 변화를 탐지하기 어려운 현상에 대한 것이다

한 남자가 길을 물어보려고 당신을 불러 세운다. 몇 초 뒤에 길을 물어본 남자는 전혀 다른 사람으로 바뀐다. 사람이 바뀌었다는 것을 알아챌 수 있을까? 슈퍼마켓 계산대에서 남자 점원이 물건을 꺼내려고 계산대 밑으로 몸을 숙인다. 그리고 일어난다. 그런데 방금 전 그 점원이 아닌 전혀 다른 사람이 눈앞에 서 있다. 여자로 바뀌어 있을 수도 있다. 당신이 그 실험에 참여했다면 분명 사람이 바뀌었다는 것을 알아챌 수 있다고 생각할 것이다. 분명히 그럴 것이다. 그러나 알아채지 못한다. 이 실험에서 75퍼센트의 사람들이 알아채지 못했다. 눈앞에서 사람이 바뀌는데도 전혀 알아채지 못했다.

이 연구의 시작은 일리노이 대학의 대니얼 시몬스Daniel Simons 교수와 밴더빌트 대학의 대니얼 레빈Daniel Levin 교수가 했던 유명한 '문짝 실

길을 물어보던 사람이 눈앞에서 전혀 다른 사람으로 바뀌어도
75퍼센트의 사람들이 그 사실을 눈치 채지 못한다.

험'[72]이었다. 길거리에서 한 남자가 지나가는 사람에게 길을 묻는다. 길을 가르쳐주는 동안 두 사람이 문짝을 들고 그들에게 다가온다. 길을 묻던 사람과 가르쳐주던 사람은 한 발짝 뒤로 물러난다. 문짝을 옮기는 두 사람이 이들 사이로 지나간다. 문짝 뒤에는 다른 한 사람이 숨어 있고, 길을 물어보던 사람과 교체된다. 이제 길을 가르쳐주는 사람 앞에는 완전히 다른 사람이 서 있게 된다. 길을 가르쳐 주는 사람은 어떤 반응을 보일까? 위에서 언급했듯이 길을 가르쳐주는 사람의 75퍼센트가 이를 눈치 채지 못하고 길을 설명해준다.

이 실험은 농구 선수와 고릴라 실험 등 여러 상황에서 시도되었고[73] 그 결과는 비슷했다. 실험에 참여한 75퍼센트의 사람들이 눈앞에서 사람이 바뀌는 것을 눈치 채지 못했다. 물론 당신은 알아챌 수 있다고 생각할 것이다. 나 역시 마찬가지다. 그러나 현실은 그렇지 않다. 보이지 않는 고릴라 실험에서 대니얼 시몬스와 크리스토퍼 샤브리스Christopher Chabris가 말했듯이 왜 사람들이 이것을 알아채지 못했는지 그들도 설명하지 못한다. 우리는 특정한 무엇인가에 집중하는 경향이 있다. 누군가에게 길을 묻는 실험에서 볼 수 있듯이 그 상황에서 사람들은 길을 가르쳐주어야 한다는 사실에만 집중할 뿐이다. 눈앞의 사람에게 주의를 두지 않는다. 지도를 보고, 어디로 가야 할지 생각할 뿐 길을 묻는 사람에게 특징적인 뭔가가 없다면 바뀐 것을 알아채지 못한다.

이제 중요한 질문을 할 차례이다. "인식 능력을 어떻게 기를 것인가?” 방법은 많지만 이러한 능력은 바로 길러지지 않는다. 사회 지능과 정서 지능을 기르면 이 능력이 향상되지만 그 속도는 미비하다. 지금부터 천천히 향상될 것이다. 내가 ‘지금부터’라고 말한 이유는 당신은 이제야 폭스 팩터를 알게 되었고, 폭스 팩터를 알게 되었다는 사실이 당신을 한 발짝 더 내딛게 만들어줄 것이기 때문이다. 이 인식의 효과를 많은 상황에서 체험하게 될 것이다. 새 자동차를 산 순간부터 길거리에서 당신 차와 비슷한 자동차들에 눈길이 가게 될 것이다. 단순히 무엇인가를 알게 된다는 것으로부터 크게 한 발짝 더 내딛게 된다. 다음은 인식 능력을 키워줄 몇 가지 방법이다.

질문하기

질문하는 연습을 한다. 질문을 할수록 핵심에 다가갈 수 있다. 스스로에게 질문하거나 중얼거리는 소리를 내면서 질문해도 된다. 주위에서 들려오는 모든 것에 의심을 품으라는 말은 아니다. 궁금한 것을 조금씩 해소하라는 말이다.

바꾸기

누군가가 당신에게 했던 말을 다른 사람에게 해본 뒤 그 결과를 본다. 예를 들어 나와 상담했던 한 여성이 최근에 분잡하고 좋지 않은 에너지를 풍긴다는 말을 들어 왔다. 상담 후 이 여성은 직장 상사에게 남성 우수 사원을 칭찬할 때 하는 말을 자신에게도 해달라고 요구했다. 이 여성도 우수 사원이었다. 상사는 '창의적'이고 '역동적'이라는 단어를 사용하기 시작했다. 내적 관점을 달리하면 다른 말을 하게 되고 그 결과도 달라진다.

내면 보기

사람들과 대화를 나눌 때 피부색을 넘어서서 그 사람의 내면을 보도록 노력한다. 이런 노력으로 당신은 새로운 관점을 가질 것이고, 이미지와 같은 외적인 영향에서 어느 정도 벗어날 수 있다.

정서적 자기 성찰

폭스 박사를 통해 볼 수 있는 진짜 기술 중 하나는 열린 감정을 가지고 자신을 개방하는 것이다. 이를 통해 통찰력이 생기고 자신의 내적 감정에 귀 기울일 수 있게 된다. 수많은 정보들이 우리가 의식하지 못한 채 처리된다. 동시에 우리에게 필요한 모든 정보들이 그곳에 있다. 우리는 정보들을 단지 그곳에서 찾아내기만 하면 된다. 자기 성찰은 효과적인 기술이고 많은 상황에서 활용할 수 있다. 자기 성찰은 자신의 내면을 살피고, 자신의 감정을 보는 것이다. 자신의 감정을 판단하는 것이 아니라 자신의 감정을 보고, 그 감정들과 한자리에 앉는 것이다. 판단, 분석, 감정에 이름 붙이기를 하지 않고, 그 감정들과 나란히 앉은 채 어떤 일이 일어나는지 지켜보도록 노력한다. 그러면 천천히 조금씩 자신의 감정에 대한 감각을 가지게 될 것이다. 이 감각을 통해 현재 어떤 정보가 처리되고 있는지 그 미묘한 차이를 알아차릴 수 있을 것이다.

명상과 깊은 휴식

최근 몇 년 사이에 명상은 소수만이 즐겼던 휴식 방법에서 주류 문화로 확산되기 시작했다. 명상과 관련된 연구들이 수없이 많이 나오고, 뇌파 측정부터 수도승을 fMRI 촬영한 연구까지 다양하다. 명상의 효과는 마음의 이완이나 뇌파 빈도를 낮추는 것 외에도 더 많은 방식으로 뇌 영역들을 이어주고, 동시에 움직이게 한다. 아무것도 하지 않는 상태에서 뇌는 가장 잘 연결된다. 가벼운 흥얼거림에도 뇌 안에서는 영역들끼리 가벼운 커뮤니케이션을 나눈다. 집중할 때 뇌는 특정한 영역이 활성화되는 동시에 다른 영역들은 비활성화된다.

　명상이 지나치게 소수를 위한 것이 아닌가 생각하는 사람들에게 다시 한 번 강조하고 싶다. 명상에는 다양한 성격을 가진 사람들에게 적용할 수 있는 많은 방법들이 있다. 아직도 믿지 못하겠다면 '깊은 휴식'을 떠올려보면 된다. 기도를 하거나 음악을 듣는 것도 명상의 과정이다. 확실하게 말할 수 있는 것은 여러 형태의 명상을 통해 자기 자신을 더 잘 들여다볼 수 있고, 인식을 키울 수 있으며 외부로까지 펼쳐낼 수 있다는 것이다.

신경 끄기

폭스 팩터의 가장 큰 문제점 중 하나는 우리가 직함과 지위에 지나치게 강한 인상을 받는다는 것이다. 직함과 지위를 좀 더 깊이 있게 살펴보는 방법을 배운다면 폭스 박사의 함정에 빠지는 것을 피할 수 있다. 회의주의는 언급할 필요도 없다. 대신 직함과 높은 지위를 가진 모든 이들을 존경하면 된다. 그러나 스스로를 사람들의 지위에 현혹되게 만든다면 의사결정 능력과 정보를 판단하는 능력 역시 현혹된다. 나는 최근 강연장에서 세 명의 강연자와 함께 강연을 했다. 그중 한 사람은 지위가 아주 높은 사람이었다. 직함이나 출신 대학도 아주 좋았다. 게다가 사람도 좋았다. 이 강연장에서 강연을 하는 동안 청중 한 명이 이 세 번째 사람의 말솜씨에 감격했고, 강연 도중 청중에 대한 자연스러운 반응과 질문을 곁들이는 모습에 감탄했다. 모두 사실이다. 그러나 과연 그렇게까지 놀랄 만한 일인가? 사실 대부분의 전문 강연자들이 이렇게 한다.

더 재미있었던 것은 두 번째 강연자였던 나 역시 청중에게 직접 질문을 하기도 했고, 첫 번째 사람도 마찬가지였다. 그러나 이 청중의 눈에는 세 번째 사람만 들어왔다. 다른 두 사람도 질문을 섞어가며 강연을 했다는 사실을 잊어버린 듯했다. 세 번째 사람만 가산점을 얻은 셈이다. 이 청중은 매우 학구적인 면에 초점을 두었고, 높은 학력에 더 가치를 두었다. 혹은 이 사람은 단순히 뜨거운 인지 과정에 빠진 것이다.

사람들의 직함과 지위에 스스로 현혹되지 않게 하라. 이들도 결국은 평범한 사람들이다. 직함이나 지위가 부수적으로는 다른 많은 긍정적 연쇄 효과를 불러오기도 한다. 예를 들면 그 사람과 같은 사고 수준에 이르게 한다든지, 그 사람과 비슷한 지위에 오른 듯한 느낌을 준다. 이것이 나쁜 것은 아니다.

정서적으로 열려 있다는 것은 의식을 깨워주고, 사람들의 외양을 넘어서서 내면을 보는 능력을 길러준다. 이는 사람에 대한 통찰을 만들어주고, 상대방을 이해하고 있는 그대로 받아들이고 존중하게 만들어준다. 이는 폭스 팩터와 안티 폭스 팩터를 통찰하는 능력도 길러준다. 정서적 의식을 위해 어떻게 해야 하는지 여기 이미 앞에서 언급했던 세 가지 방법을 적어둔다.

의식

앞에서 언급했듯이 의식은 모든 것의 열쇠이다. 외적 자극이 어떻게 사고에 영향을 미치는지 인식하게 되면 관점이 달라지고, 이를 통해 주위에 일어나는 일들에 대해 다르게 생각하는 법, 통찰하는 법, 논리적으로 생각하는 법을 알게 된다. 그러나 우리는 매번 의식과 싸움을 한다. 왜냐하면 의식의 가장 큰 적은 습관, 익숙함, 탐구하려는 습성, 연결 지으려는 습성이기 때문이다. 오랜 시간 우리 마음은 습관을 만들어내도록 프로그램화 되어 있다. 습관적 사고는 무의식적으로 만들어지기 때문에 피상적으로 눈에 보이는 것에 대한 감각을 익히는 것보다 내적 의식에 대한 감각을 익히는 것을 더 어렵게 만든다. '인식'이라는 이 단순한 단어는 입 밖으로 내뱉기는 쉽지만 그 속에는 뇌의 물리적 처리 과정과의 암투가 있다. 우리는 인식을 바꾸는 일에 결코 충분한 시간을 들이지 않는다.

또 한 가지 어려운 점은 인식이라는 것이 상당히 추상적이어서 손에 잡히지 않는 개념이자 만지기 어려운 개념이라는 것이다. 볼 수도 없고 측정할 수도 없다. 제대로 그 속을 바라보기 어렵게 만드는 흐릿한 속성을 가지고 있다. 손에 쥐고 싶지만 명확한 답을 찾기 불가능할 만큼 불편하다. 그러나 이것이야말로 우리가 지속적으로 인식에 대해 알아가야 할 필요성을 알려준다. 앞에서 제시한 방법을 폭스 박사로 인해 혼란스러워진 인식의 기술을 키우는 시발점으로 삼아보자.

신경을 껐을 때의 감정이 어떤 것인지, 그리고 우리와는 다른 직함과 지위를 가진 그 사람에게 우리가 어떻게 반응하는지 인식해볼 필요가 있다. 우리는 좋아하는 연예인이나 스포츠 스타나 존경하는 유명 작가나 학자들에게 어떻게 반응하는가. 이미 언급했듯이 우리가 그들의 팬이라면 사고가 왜곡되기 시작할 것이다. 더 중요한 것은 우리가 그 사람을 매우 좋아하기 때문에 스스로 왜곡을 불러오는 것이다.

마지막으로 회의주의자들에게 하고 싶은 말은 이것이 음악이나 스포츠를 즐기지 말라는 의미가 아니라는 것이다. 팬이 되지 말라는 말은 더더욱 아니다. 다만 자신의 감정과 태도, 그리고 자신이 어떤 의견을 가지고 있는지 그 감정을 인식하라고 말하고 싶다. 왜곡된 사고 패턴을 피할 수 있도록 도와줄 것이다.

정서적 자기 성찰

앞에서도 이미 설명했지만 정서적 자기 성찰은 내적인 정서 인식이고 믿을 수 없을 만큼 강력한 기술이기 때문에 인식과도 직접적으로 연결된다. 사실 정서적 자기 성찰을 하면 할수록 뭔가를 놓치고 있다는 생각이 든다. 많은 사람들은 정서적 자기 성찰이 처음에는 조금 이상하기도 하고, 필요 없을 것 같다는 생각도 한다. 스스로 행복하다고 생각되면 끝이라는 것이다. 그러나 이런 생각은 클래식 음악을 일부분만 듣고는 "클래식 음악이 뭔지 알았어. 클래식 음악은 다 이런 것 아니겠어"라고 말하는 것과 같다. 클래식 음악은 들으면 들을수록 베토벤, 모차르트, 브람스의 음악이 어떻게 다른지 알게 된다. 시대적 차이도 알게 된다. 그리고 이 위대한 작곡가들의 삶의 차이와 동향에 주목하게 된다. 같은 음악도 지휘자나 연구자에 따라 어떻게 다르게 연주되는지 알게 된다.

정서적 자기 성찰도 마찬가지다. 인식하지 못하는 이들은 내적인 정서 감정을 알아채기 힘들 것이다. 감정을 드러내 보이는 것은 외적 자극을 어떻게 해석할지, 우리 무의식 속에서 어떤 생각이 오가는지에 대한 단서를 준다. 자신의 사고 과정과 어떤 사고가 더 좋은 영향을 주는지 이해할 수 있는 단서 말이다. 우리 속에서 일어나는 정서적 징후는 사실 복잡함과 기교가 뒤섞인 한 편의 교향곡이고, 몇십 분의 일 초 동안 마법을 전해주기도 하고 불안감을 느끼게도 한다.

명상과 깊은 휴식

명상과 깊은 휴식을 다시 언급하려 한다. 신경 활동을 닫아버리거나 마음을 진정시킬 수 있는 힘은 위대하고 강력하다. 명상을 무술에 접목한 방법도 좋다. 사실 이것은 그 자체로 명상의 가치를 보여주기도 하고, 행위, 경쟁, 대련과 직접적으로 연관시킨 것이기도 하다. 명상이 지나치게 민감하고 감정적인 것이라고 생각하는 사람은 중국의 소림승을 한 번 보라고 말하고 싶다. 그들은 쿵푸의 달인으로 싸움의 기술을 보유하고 있다. 마음은 자신의 힘과 투지의 중심이고, 사람들이 죽어나가는 싸움터에서도 싸움 기술, 민첩함, 혁신과 맞물려 힘을 발휘하게 해준다. 평온한 마음이 인간의 몸과 정신의 잠재력을 온전히 깨워줄 수 있다. 이는 무술 세계뿐만 아니라 비즈니스 세계에도 해당되는 말이다.

사실 무술에서 볼 수 있는 명상의 최우선적 기능 중 하나는 적과의 대면에서 공포를 느끼지 않게끔 적의 외적인 모습에 신경을 끄는 것이다. 폭스 박사에 대해 이야기하다가 지나치게 멀리 간 것 같지만 가까운 예로는 비즈니스 상황을 언급할 수 있다. 다른 회사 대표가 자신이 아는 주제를 논리적으로 말하는 모습에 상당히 좋은 인상을 받을 수 있고, 이런 담소 뒤에 펼쳐져 있는 폭스 박사의 힘에도 강한 인상을 받을 수 있다. 명상과 깊은 휴식은 세상의 폭스 박사를 넘어설 수 있는 최상의 마음 상태를 얻도록 도와줄 것이고, 최적의 상태로 일할 수 있게 도와줄 것이다.

폭스 박사 되기

다소 조심스러운 이야기를 꺼내보려 한다. 이제껏 당신이 틀렸다는 말이 아니라 좀 더 신경을 쓸 필요가 있다는 말이다. 이제 폭스 박사가 되려면 무엇이 필요한지 살펴보자.

설득의 기술

내게 길거리에서 말하는 훈련을 받은 이들 중 98퍼센트의 유럽인들은 실제 능력 이하의 수행을 보였다. 그리고 98퍼센트의 미국인들은 능력 이상이었다. 물론 이것은 농담이다. 전혀 그렇지 않았다. 어떤 국적을 가졌든 대부분의 사람들이 자신의 능력이나 재능 이하의 모습을 보였다. 많은 이들이 주제에 적합한 말을 단번에 하지 못했다.

물론 능력을 보여주는 사람도 있었다. 특히 미국과 영국이 유럽과 스위스에서보다 더 두드러졌다. 스위스는 내 인생의 대부분은 살았던 나라이기도 하다. 사실 우리는 열정으로 가득 차 있던 유명인들의 이름을 말해보라고 하면 하나하나 열거할 수 있다고 생각하지만 그 사람들은 실제로도 적지 않게 성공한 사람이었다. 여기서 성공의 개념은 논의하지 않겠다. 성공은 맥락에 따라 많은 것을 의미하지만 여기서는 지위, 직업, 경제 능력 정도를 말한다.

다음으로는 공공장소나 회의 등 어디에서든 필요한 말을 잘할 수 있는 능력을 키우고 스스로의 이미지를 더 좋게 만들려면 무엇을 해야 하는지 살펴보자. 이것을 알아보는 과정은 대략 윤곽을 짚어보는 정도가 될 것이다. 그렇지만 이를 통해 얻은 통찰력으로 그 즉시 당신은 더 나은 사람이 될 수 있을 것이다.

지난 몇 년 동안 설득이나 영향력에 대한 연구와 실험이 있어 왔고, 설득의 핵심 개념에 접근해가려는 노력이 있었다. 나는 인간이 두 다리로 걷기 시작하고 서로 대화를 나누기 시작하면서부터 이 기술을 은연중에 사용해왔을 것이라 확신한다. 연구자에 따라 이 기술을 신경언어학과 같은 방법에 적용하기도 했다.

많은 이들이 설득의 개념을 알아내는 데 과학의 힘을 빌리지 않아도 된다고 주장한다. 어떤 방식으로도 이 개념은 완벽하게 밝혀지기 어렵고 주관적인 해석에 달려 있다. 이 책의 뒷부분에서 언급할 테지만 이것은 성격 유형의 영향이다. 사람에 따라 직관보다는 분명한 설명과 사실을 듣고 싶어 할 수 있다.

폭스 박사를 이야기하기 전에 두 가지 짚어볼 것이다. 예전의 것과 최근 것인데 방향은 같다. 인간이 어떻게 서로 이어지고 어떻게 서로에게 영향을 미치는지 살펴보자.

예일 커뮤니케이션 연구 프로그램에서 파생된 '예일 접근법'은 서른 명의 심리학자와 사회학자, 인류학자들로 구성되어 있다. 이들의 목적은 다음과 같다.

- 단어와 상징이 인간에게 미치는 영향 이해하기
- 사회적 영향을 심리학적으로 분석하기
- 사회학, 심리학, 사회과학을 '커뮤니케이션 이론'으로 통합하기

이 목적은 제2차 세계대전 발발 직후에 이미 달성되었고 1953년에 책[74]으로 출간되었다. 이 학자들은 서로의 분야를 엮어서 독창적인 일련의 실험을 했고, 이후에 의견 변화 영역에서의 영향력과 관련된 연구틀을 만들어냈다. 그 결과를 아래에 소개한다.

- **누가**: 말하는 사람은 신뢰할 수 있어야 하고, 청중에게 매력을 느끼게 해야 한다. 직접적으로 말하자면 폭스 박사가 필요하다는 말이다.

- **무엇을**: 내용은 설득하기 위한 것이 아니어야 한다. 양면의 논쟁을 하되 잘못된 논쟁은 반박한다.

- **누구에게**: 설득하는 동안 청중의 시선을 분산시킨다. 상대하는 청중은 지능이 조금 낮고, 자신감은 중간 정도가 좋다. 설득하기에 가장 좋은 연령은 18~25세이다.

이 연구는 설득의 내용도 중요하지만 그 근거, 말하는 사람, 그 사람의 신뢰성, 겉으로 보이는 전문성, 신용의 중요성도 강조했다.

MIT의 앨릭스 펜틀랜드Alex Pentland는 후속 연구에서 '정직한 신호'라 불리는 연구를 했다. 2008년에 출간된 책[75] 제목이기도 하다. 이 책은 같은 해 《하버드 비즈니스 리뷰》에서 혁신적 아이디어로 상을 받았다.

생물학에서 정직한 신호는 시그널링 이론의 한 영역이고, 동물이 내는 정직한 신호를 의미한다. 즉 진실을 나타내는 신호이다. 펜틀랜드 교수가 말하고자 하는 것은 우리 몸속에 프로그램화된 무의식적인 일련의 신호가 타인을 대할 때 우리의 태도를 보여준다는 것이다. 이 신호는 매우 깊게 배어 있어 통제하기가 어렵다. 그러나 이 신호는 우리에게 큰 영향을 미치며, 상호작용도 한다. 진실한 신호를 내보내면 수신자는 그 사람을 믿기 시작하고, 이는 신호를 내보낸 사람에게 영향을 미쳐 그 역시 수신자를 믿기 시작한다. 이는 우리 자신과 우리의 뇌가 아주 긴밀하게 끈으로 이어진 사회적 기능과 적응을 보여주는 것이다. 내가 수년 동안 시도해온 것과 마찬가지로 이 신호들은 우리의 의식 수준 아래에 있으며 언제나 우리와 긴밀하게 소통한다.

펜틀랜드가 보여준 진짜 혁신은 사회관계 측정이라는 것이다. 여러 사람 사이에 있는 한 사람에게 전자 도구를 목에 걸게 한 후 앞뒤 신호를 측정한다. 지금까지 폭스 팩터를 읽어 와서 알겠지만 우리에게 가장 크게 영향을 주는 것은 내용(지식) 그 자체가 아닌 그 이면에 깊이 숨어 있는 신호들이다.

이제 정직한 신호를 활용할 수 있는 강력한 의사 전달자가 되는 몇 가지 기술을 소개하고자 한다. 여기에서는 내적 자아와 내적 인식을 깨우치고 조화시키는 능력을 이야기할 것이다. 왜냐하면 최종적으로 우리에게 필요한 것은 스스로에게 정직해지는 것이고 정직한 방법으로 자신을 성장시키는 것이기 때문이다.

몸짓 언어로 대면하기

사람들 앞에 모습을 드러내는 것이 두려운가? 당신의 존재감을 느끼게 해주는 방에, 당신이 들어설 때 가만히 숨 죽이고 있을 청중들을 향해 그곳으로 들어서는 순간, 청중들은 당신을 느끼고 당신의 모든 세포들로부터 뿜어져 나오는 힘을 느낀다. 당신의 등장으로부터.

메라비안 Mehrabian 의 연구

대면한다는 것은 무엇일까? 한번 생각해보자. 설명하기에는 어렵다. 그냥 그렇다고 아는 것이다. 그러나 무엇인지 정확하게 알지는 못한다. 사람들의 눈에 어느 정도의 수준으로 보이느냐 하는 문제도 있다. 피상적인 수준에 있을 것이지만 겉으로 보이는 모습에는 힘이 있다. 아마도 나는 몸짓 언어를 계속 사용할 것이다. 몸짓 언어는 말보다 더 강력한 잠재력을 가진다. 따라서 정직한 신호와 마이크로메시징을 연결 지어볼 것이다.

1973년 메라비안 교수는 유명한 의사소통 연구[76]를 진행했고 그 연구 결과는 미루어 짐작건대 수백만 명의 사람에 의해 인용되었다. 이 실험은 놀라운 통계 결과를 보여주었고 커뮤니케이션 분야와 언어 분야에 충격을 주었다. 이 연구 이후 메라비안 교수는 몸짓 언어가 커뮤니케이션의 55퍼센트를 차지한다는 결과를 다시 보여주었다. 목소리 톤이 38퍼센트를 차지하며, 단어의 영향은 미비한 수치인 7퍼센트만을 차지한다는 결과가 나왔다.

어떻게 그럴 수 있을까? 우리가 하는 말 중 단지 7퍼센트만이 단어를 통해 전달된다니 혹 잘못된 결과일까? 이는 사실일 수도, 사실이 아닐 수도 있다. 이건 또 무슨 말일까? 우선 메라비안의 실험은 얼굴 표정을 보고, 단어 하나하나를 입 밖으로 소리 내는 실험이었다. 실험이 잘못되었다는 말이 아니라 과학적으로 말하자면 말을 죽 이어서 할 때는 몸짓 언어의 효과를 측정하기가 어렵다는 것이다. 메라비안이 주목한 것은 말과 몸짓 언어 사이에 서로 일치하는 점이 없을 때 자동적으로 몸짓 언어를 읽는다는 것이다.

합치점

이제 서로 일치하는 지점을 알아야 한다. "행복해"라고 말할 때 비참한

듯이 눈을 아래로 내리깔고 있으면 상대방은 내가 행복하지 않다고 생각한다. 이것은 분명하다. 이는 몸짓 언어가 말보다 우리 감정을 더 잘 표현한다는 것을 명확하게 보여준다. 몸짓 언어 연구에서는 목소리 톤, 몸짓 언어, 단어를 분리해서 실험한다. 이 세 가지는 자연스럽게 동시에 일어나는 것들이다. 직접 아래의 실험을 해보길 바란다.

편안한 자세로 앉는다. 등을 기대고 팔과 몸의 긴장을 푼다. 당신은 해변에 누워 있거나 휴양지에 와 있다. 마음은 아주 편하고 평화롭다. 이제 한 가지 과제를 주겠다. 편안한 자세를 유지하면서 아주 화가 난 목소리로 말을 해본다. 편안한 자세에서 화난 톤으로 말한다. 자녀가 있다면 이렇게 상상해본다. "그만하라고 했지!"

뭔가 합치되지 않음을 느낄 것이다. 몸이 제어된 상태이다. 편안한 자세에서 화난 목소리를 내는 것은 기본적으로 불가능하다. 큰 소리를 내면 배의 근육이 긴장하면서 경직되고 몸이 앞으로 움직일 것이다. 에너지가 폭발하고 팔도 앞을 향하게 된다. 몸을 앞으로 향한 채로 "그만하라고 했지!"라고 소리쳐보면 몸짓 언어는 바뀔 것이다. 몸짓 언어는 감정과 정서와 언제나 일치한다. 정직한 신호로 다시 돌아간다.

의식적 과정과 무의식적 과정

우리는 모두 몸짓 언어를 읽을 수 있고, 그 감각이 더 뛰어난 사람도 있다. 여기서 정서 지능과 의식의 개념으로 돌아가보자. 우리 모두는 누군가가 행복하고 화가 나고 회의적이며 놀라고 충격을 받았다는 사실을 눈으로 볼 수 있다. 이 과정에서 우리는 얼굴 표정을 읽는다. 분명히 그렇다. 그러나 명백하게 알아채지는 못한다. '눈썹이 약간 올라갔고, 입 주위의 근육이 팽팽히 긴장한 상태군'이라고 의식적으로 생각하지 않는다. 그냥 눈에 보일 뿐이다. 우울하거나 자신감이 넘친다는 것을 어깨가 처져 있거나 등이 뒤로 당겨진 모습 등의 몸짓 언어를 통해 안다. 우리 모두 그렇다.

우리는 몸짓 언어를 눈으로 보고 처리하지만 대부분 아주 적극적으로 처리하지는 않는다. 대부분의 몸짓 언어는 의식적인 처리 과정을 통해 우리도 모르게 처리된다. 그러니 몸짓 언어를 통제하면 폭스 박사가 될 능력을 크게 키울 수 있을 것이다.

개인적인 경험에서 말하자면 그 효과는 매우 크다. 나는 원래 언어학과 언어교육을 전공했다. 커뮤니케이션 수업에서 단어를 공부했고, 이 단어를 가지고 어떻게 더 강력한 메시지를 만들고 영향력을 발휘할 수 있을지 공부했다. 당시에는 몸짓 언어에 관심을 가지지 않았다. 만약 메시지가 강력하다면 자세에서도 자신감이 나올 것이라고 생각했기 때문이다. 이 또한 사실이다. 그러나 당시 나는 내가 공부한 기술 위에 몸짓 언어 기술을 덧붙이고자 더 공부했다. 그 효력은 매우 놀라웠다. 약간의 자세 변화, 손의 위치 변화가 사람들의 인식에 그 정도로 거대한 영향을 줄 것이라고는 생각지도 못했다.

한 장면이 생생하게 떠오른다. 회사 대표와 함께 회의실에 앉아 있을 때였다. 그분을 파스칼 대표라고 부르자. 이 회사는 세계에서 가장 큰 은행 중 하나이다. 파스칼 대표는 취리히, 런던, 뉴욕에서 열릴 투자 분석가 회의에 대해 논의 중이었다. 나는 대표에게 메시지 전달법, 프레젠테이션을 하는 법을 조언하고 있었다. 그곳에는 네 사람이 있었다. 나, 파스칼 대표, 회사의 커뮤니케이션 책임자, 경영진의 참모장이었다. 그런 경우 보통 나는 외부 인사로 참여했고, 내 역할은 조언과 논의였으며 발표할 원고 작성을 돕는 일이었다. 그러나 그곳에서의 내 역할은 달랐다. 몸짓 언어를 연구해온 나는 대표실 앞으로 가서 파스칼 대표를 만났고 회의실로 들어갔다. 사람들이 앉아 있는 가운데 나도 한 자리를 차지했고 몸짓 언어를 시작했다.

회의가 중반쯤으로 흘러갈 때 나는 의자에서 떨어질 뻔했다. 미끄러진 것은 아니었지만 당황했다. 방 안의 분위기가 갑자기 달라지기 시작한 것을 느꼈다. 그때 나는 회의를 통제하고 있었다. 모든 눈이 나를 향해 있었다. 이제 나는 외부 인사 이상의 사람이었다. 내가 통제하고 있었고, 나 역시 그렇게 말했다. 물론 파스칼 대표가 통제권을 잃은 것은 아니었다. 그는 뛰어난 리더였고 여전히 그렇다. 그러나 내 이미지, 내 카리스마, 그리고 나의 경쟁력은 달라졌다. 물론 나는 업계에 이미 알려진 사람이었고, 신임을 얻고 있었다. 그럼에도 나는 몸의 위치를 달리함으로써 흐름을 바꾸었다. 다 망쳐버린 것이다. 몸짓 언어는 대부분 무의식적으로 받아들여지기 때문에 어쩔 수는 없는 일이고 이것 때문에 잘못될 수도 있다. 자신감을 주고, 경쟁력을 주는 것도 몸짓 언어이다. 몸짓 언어는 마음에 새겨지며 영향력을 발휘한다. 자신의 이미지를 최고로 만들고 싶다면 몸짓 언어를 연습해야 한다.

마이크로메시징

앞에서 무의식적인 과정에 관해 이야기할 때 미세한 신호에 대해 언급했었다. 이제 자신감과 관련하여 이야기해보려 한다. 다시 설명하자면 마이크로메시지는 작고 미묘한 신호이다. 작지만 눈에는 보이는 눈썹의 움직임, 잠깐 보이는 쓴웃음 같은 것들이다. 우리는 순간적으로 그것을 눈치 채고 그 즉시, 그리고 무의식적으로 자신 있다, 유능하다, 회의적이다, 강하다 등으로 해석한다. 이것은 손의 움직임과 같은 매크로한 신호는 아니다.

이러한 느낌은 자세에서 비롯된다. 누군가에게 이야기할 때 자신의 위치가 낮다고 생각되면 발뒤꿈치를 들어 올리거나 뒤로 물러설 것이다. 누구와 이야기를 나누든 이런 행동은 감지될 수 있다. 상대방의 장악력이 커지고 있다면 발뒤꿈치가 조금씩 들려진다는 말이다. 이는 서 있는 상태에서 대화를 나눌 때 나타나는 장면으로, 쉽게 알아챌 수 없는 미묘한 움직임으로 상대를 얼마나 강하게 느끼는지, 혹은 얼마나 약하게 느끼는지 그 영향력을 알 수 있다. 마이크로 몸짓 언어는 통제하기가 더 어렵다. 이 내용은 뒤에서 다시 다룰 것이다.

몸짓 언어 신호

이제 어떤 몸짓 언어 신호를 사용해야 할지 알고 싶을 것이다. 거창한 논의가 이루어지지는 않겠지만 핵심 이슈를 말해보자. 서점에는 몸짓 언어에 관한 책들이 매우 많이 나와 있다. 바바라와 앨런 피즈의 저서 『몸짓 언어』는 믿을 만한 책으로, 독자들이 원하는 거의 대부분을 이 책을 통해 얻을 수 있을 것이다. 나 역시 최근에 독일에서 열린 새미 몰코 Sammy Molcho의 강연회에 참석해 좋은 연설을 듣고 왔다.

자세

자세는 당신에 대한 안 좋은 이야기들을 말해준다. 자세가 당신의 감정까지 말해준다고 생각하지 않겠지만 그렇지 않다. 지금 당신의 자세는 그런 당신의 생각을 배신한다.

자신감 있게 서 있으면 자신감이 생긴다. 몇 년 전 회사 대표들에게 프레젠테이션 기술을 가르칠 때 이 말을 했는데, 그들도 자세를 바꾸면 자신감이 생긴다는 말을 믿지 않았다. 그러나 실험과 연구가 이런 주장을 뒷받침해준다. 몇 페이지에 걸쳐 언급할 하버드 경영대학원의 사회심리학자 에이미 커디 Amy Cuddy, 콜롬비아 대학에서 파워 자세를 강의하는 데이나 카니 Dana Carney와 앤디 얍 Andy Yap의 연구에서 자세가 호르몬 수치에 미치는 영향을 보여주었다. 간단히 말해서 힘 있는 자세는 신체의 호르몬 균형에 영향을 미친다. 힘이 있는 자세로 서 있든, 힘이 약한 자세로 서 있든 이것은 서로 다른 호르몬 균형을 만든다. 이는 힘 있는 자세가 중요하다는 사실을 뒷받침한다. 힘 있는 자세는 신체 내부에 전혀 다른 호르몬 균형을 만들어낼 것이다.

어깨를 펴라. 이것이 첫 번째 조언이다. 힘이 있다는 생각으로 몸무게가 발밑으로 고루 퍼지는 느낌을 가져라. 어깨는 뒤로 당겨라. 그렇다고 지나치게 뒤로 당기는 것은 등에 문제가 생길 수 있으므로 좋지 않다. 자세는 크게 세 가지로 구분할 수 있다. 숙임 자세는 공격성을 의미한다. 중간 자세는 힘이 있는 느낌을 준다. 젖힘 자세는 힘이 약한 느낌이다. 엉덩이가 균형을 이룬 상태로 똑바로 서야 한다. 거울이 있는 방에서 중간 자세를 연습해도 좋다. 중간 자세의 기본은 이렇다. 손은 곧게 펴고 단단하지만 편안하게 양 옆에 둔다. 가슴을 지나치게 내밀면 도도해보이고 여성처럼 내밀고 다녀도 오해를 받는다. 그냥 멋지고 힘 있는 중간 자세를 유지한다.

자신감 있는 사람들은 자세와 걸음걸이에 무게를 둔다. 몸무게가 얼마가 나가든 키가 얼마나 크든 상관없어 보인다. 의미 있는 걸음걸이가 당신을 자신감 있는 사람으로 보이게 할 것이다.

당신이 서 있는 상태를 떠올려보자. 어떤 자세로 서 있는가? 몸을 앞으로 숙이고 있는가, 뒤로 젖히고 있는가, 아니면 한쪽으로 기울어져 있는가? 몸이 곧지 않다는 느낌이 들면 땅에 발을 똑바로 딛고 중간 자세를 만들어라.

힘찬 발

발은 놀라울 정도로 좋은 메시지 전달의 역할을 한다. 몸짓 언어를 통제하려고 노력하는 사람도 발은 잘 신경 쓰지 않는다.

발의 가장 중요한 점은 자신감을 만들어준다는 것인데 지면에 발을 대고 있다는 것은 강력한 느낌을 준다. 지면에 힘 있게 발을 대고 있으면 더욱 힘 있는 자세가 나온다. 재미있는 사실은 지면에 발을 댄 상태에서 대개 중요한 의사결정을 내린다는 것이다. 무엇인가 위기에 처해 있을 때 우리는 자동적으로 바닥에 발을 붙인다. 의사결정을 할 때 발을 든 상태나 상대적으로 약한 자세로 등을 기대고 앉아 있을 수도 있지만 그런 경우의 의사결정은 무게감이 약함을 의미한다.

발은 우리가 바라는 방향을 가리킨다. 무슨 말인가 하면 누군가에게 호감을 느낄 때 우리 발은 그 방향을 향해 있다. 처음 듣는 사실인가? 다음 기회에 한번 확인해보기를 바란다. 술집에서 앞에 앉은 누군가에게 호감을 가진 사람의 발을 보라. 다만 이 말을 지나치게 믿지는 않길 바란다. 이성의 발이 당신을 향해 있다고 해서 당신에게 반한 것이 아닐 수도 있다. 단지 자세를 바꾸려는 순간일 수도 있다. 상대적 호감일 뿐이다. 마치 당신이 경영 상태가 좋지 못한 회사의 우수사원일 수 있는 것처럼.

손

손은 가장 강력한 표현 도구이다. 손을 흔들 수 있고, 손으로 공격적인 동작을 취할 수 있으며 악수도 할 수 있다. 손은 메시지를 전달하는 강력한 도구이다.

몸짓 언어의 선두주자로 앞에서 언급한 앨런과 바바라 피즈는 저서인 『몸짓 언어』[16]에서 여덟 명의 강사를 대상으로 진행했던 실험을 소개했다. 이들에게 청중 앞에서 10분 동안 강의를 하면서 취해야 할 손동작을 정해주었다. 결과는 놀라웠다. 손바닥을 위로 올리고 양옆으로 손을 펼친 강사는 84퍼센트의 긍정적인 평가를 받았다. 손바닥을 아래로 내린 강사는 54퍼센트의 긍정적인 평가를 받았다. 손바닥을 위로 올리는 동작은 개방성을 보여주고, 우리에게 친근하다. 손바닥을 내리는 동작은 권위적으로 보인다. 호감도는 손가락으로 가리키는 동작을 취한 강사에게서 현저히 떨어졌다. 28퍼센트만이 긍정적 평가를 보였고, 몇 명의 청중은 자리를 떠나기도 했다.

이는 강사의 교체가 평가에 큰 영향을 미칠 수 있음을 보여준 폭스 팩터와도 연결된다. 강의 내용이 같았고, 이 경우 강사도 같았다. 다른 것은 손동작이었다. 흥미롭게도 우리가 예상할 수 있었던 것처럼 청중의 평가뿐만이 아니라, 청중이 강연장을 나가지 않는 비율도 손동작에 따라 달랐다. 손가락으로 가리키는 동작을 취할 때 이 비율이 높아졌다.

강력한 영향력을 주며 '사려 깊은', '목표 지향적인', '집중된'과 같은 말로 이어질 수 있는 또 다른 손동작은 오케이 사인처럼 엄지손가락을 사용한 동작이다. 이 동작은 신뢰감을 주고 그 사람을 명석하게 보이기까지 하지만 공격적으로 보이지는 않는다. 간단히 말하면 손의 위치를 바꿈으로써 명석하게 보일 수도 있고 집중해 있는 것으로 보일 수도 있다는 말이다.

그러나 측정할 수 없는 것은 손동작이 바뀌면서 강사의 태도와 목소리 톤도 함께 바뀌었을 수 있다는 점이다. 실제로 바뀌기도 한다. 테스토스테론 수치에 관한 연구를 떠올려보자. 자세가 바뀌면 호르몬 균형도 함께 변한다. 여기에 양방향 연결점이 있다.

말을 할 때 손으로 자신을 표현하는 방법은 말과 손동작이 합치되는 강력한 표현 형태이다. 전문 연설가들의 눈에는 당신의 그 멋진 손의 움직임이 보일 것이다.

표정

인간은 얼굴에 매우 민감하다. 앞에서 언급한 신생아의 사례에서 볼 수 있었듯이 인간은 민감성을 탐색하는 본능을 타고났다. 따라서 당신의 표정은 다른 사람들에게 어떤 인상을 주는 데 큰 영향을 미친다. 자신이 즐거운 표정을 가졌다면 아주 운이 좋은 편이다. 연구를 통해 사람에 대한 신뢰는 어느 정도 그 사람의 얼굴에서 비롯된다는 결과가 나왔다. 더도 덜도 아니다. 그렇다면 얼굴은 어떻게 통제할 것인가. 아무리 그래도 눈 사이를 좁힐 수는 없고, 코의 크기도 바꿀 수 없다. 수술로 얼굴을 바꾸기도 하지만 신뢰를 얻으려고 바꾸는 경우는 드물다. 여성이 남성보다 가능성이 높다. 왜냐하면 여자들이 하는 화장 역시 큰 효과를 가져오기 때문이다.

그러나 여기서 던질 질문은 얼굴 중 얼마나 많은 부분이 우리 삶의 방식을 반영할까. 나이가 들면 주름도 생기고, 이렇게 생긴 주름은 더 깊어지고 특정한 표정으로 자리 잡게 된다. 우리는 얼굴을 보고 떫은 표정인지 즐거운 표정인지 알아낸다. 그리고 노인들을 보면 그런 표정이 어떻게 생기게 되었는지 보인다. 나는 운이 좋게도 행복의 불꽃으로 가득한 눈과 친밀하게 웃는 표정을 가지고 있다. 다시 말하지만 이 표정이 나의 삶에 대한 태도를 보여준다.

말을 할 때 얼굴 표정을 보면 상대방이 나를 어떻게 생각하는지 알 수 있다. 심각한 비즈니스 프레젠테이션 자리에서 굳은 표정으로 일관할 것인가, 아니면 회사의 이사들 앞에서 웃음을 지어보이는 위험을 택할 것인가. 더 많은 얼굴 표정을 나타낼수록 역동성과 호감은 확실히 증가할 것이다. 미소는 사람들에게 강력한 영향을 미친다. 게다가 긍정적이다. 당신이 여성이라면 주의할 필요는 있지만 비즈니스 환경에서는 아주 좋은 사람이라는 인상을 줄 수 있다.

자신을 표현하려면 얼굴을 사용하라. 자신을 표현하는 힘을 높이고, 청중들의 주의를 더 끌 수 있으며, 그들은 당신에게 더 귀를 기울일 것이다.

눈맞춤

눈을 바라보라. 깊이 바라보라. 그리고 느낀 점을 말해보라. 눈을 바라본다는 개념은 개인적이고, 영향력이 있고, 사랑이나 거짓말 등 여러 가지 의미를 담고 있다. 눈은 세상을 시각적으로 연결해주며, 인간과 감정의 시각적 표현 도구이기도 하다. 사람 눈을 들여다보는 것은 그 사람에 대한 우리 감정에도 영향을 준다. 우리는 상대가 차가운 눈을 가졌는지, 따뜻한 눈을 가졌는지, 에너지로 넘치는지, 유머러스한 눈을 가졌는지 한 번에 알아볼 수 있고 느낄 수 있다.

눈은 인간을 연결해주는 강력한 도구이다. 당신이 폭스 박사가 되어가고 있다면, 혹은 그렇지 않더라도 자기다운 모습으로 되어가고 있다면 반드시 많은 눈맞춤을 해야 한다. 문화적 차이도 고려해야 한다. 일본과 유럽의 눈맞춤은 그 의미가 매우 다르다. 미국이나 유럽은 눈맞춤의 수준은 달리할 수 있겠지만 사람들 앞이나 회의를 하는 동안에는 견고하게 눈맞춤을 할 필요가 있다. 그렇게 하면 사람들이 당신을 보는 눈이 크게 달라질 것이다. 당신의 눈 속에 허약함과 긴장이 들어있는 반면 폭스 박사는 힘 있고 강한 눈맞춤을 보여준다.

의상

『옷이 사람을 만든다』는 독일 고서가 있다. 몇백 년 전에 출간된 이 책은 외국에 나간 한 남자가 옷 덕분에 귀족이 되어 귀빈 대접을 받은 내용을 담고 있다. 다시 말하면 지위는 옷으로 만들어진다. 요즘에는 이런 일이 일어날 가능성이 적다. 현대인들은 누구나 좋은 양복과 좋은 넥타이를 살 수 있고, 부자들도 반바지에 티셔츠를 입는다. 그런데도 외적인 모습은 밖에 나가는 즉시 사람들의 눈을 피할 수 없다. 자신의 드레스 코드와 신발이 이미지에 영향을 미친다.

이 말은 공식 석상에서는 옷에 신경을 써야 한다는 말이다. 좋은 인상을 주어야 하는 자리에서는 옷을 차려입어야 한다. 값비싼 양복을 입고, 오래된 오메가 시계를 차고 황금색 커프스링을 소매에 달고 있으면 눈에 띌 정도로 다른 대접을 받는다. 좋은 인상을 남기려면 옷을 잘 입을 필요가 있다.

옷은 자신의 스타일과 이미지를 강력하게 표현해주지만 가급적 일관되게 입는 것이 좋다. 내 경우 항상 양복을 입지만 넥타이는 절대 매지 않는다. 이는 나를 개방적이고 덜 형식적인 이미지로 보이게 한다. 나는 코칭 전문가이며, 몸치장에 필요한 것들은 모두 가지고 있다.

몸과 마음의 연결

많은 사람들은 몸짓 언어에 회의적이다. 그리고 많은 이들이 단지 자신감 있는 자세로 서 있다고 해서 실제로 자신감이 생기지는 않을 것이라고 말한다. 그러나 그 반대이다. 자신감 있게 서 있으면 자신감이 생길 것이다. 오랫동안 얼굴 표정을 연구해온 에크만 교수는 앉아서 다양한 표정을 짓는 연습을 했다. 슬픈 표정을 지으면 곧바로 슬픈 감정이 솟아날 것이고 행복한 표정을 연습했다면 행복감을 느낄 것이다. 몸이 마음에 영향을 미치거나 혹은 그 반대인 순환 고리가 분명 존재한다. 이 또한 다양한 상황에서 연구되어 왔다. 자신감 있는 자세로 서 있으라고 한 남자들에게서 테스토스테론의 양이 증가했다. UCLA의 제프리 슈워츠Jeffry Schwartz 교수는 행동훈련을 통해 심리장애가 있는 이들의 마음의 기능을 변화시키기도 했다.[77] 몸과 마음의 연결이라는 개념은 소수의 연구에서 자연과학과 심리장애 치료 분야로 넘어왔다.

이미 여러 번 언급했지만 몸짓 언어는 테스토스테론과 코티졸 수치에 영향을 미친다. 코티졸 수치로 스트레스의 정도를 알 수 있다. 하버드 경영대학원의 에이미 커디, 콜롬비아의 데이나 카니와 앤디 얍은 2010년에 힘 있는 자세에 관한 논문을 발표했다.[78] 이 논문은 주관적인 연구 이상의 것이다. 연구는 한 그룹의 학부생들에게 힘 있는 자세로 손바닥을 편 채 책상 위에 서 있거나 앉으라고 했고, 또 다른 학부생 그룹에게 팔로 무릎을 감싼 자세로 앉으라고 했다. 그리고 테스토스테론과 코티졸 수치를 측정한 뒤 위험부담 과제를 하도록 했다. 어떤 일이 일어났을까?

힘 있는 자세로 있던 이들은 테스토스테론 수치가 증가하고 코티졸 수치가 줄어들었다. 그리고 식욕이 증가했다. 나약한 자세를 유지한 이들의 테스토스테론 수치는 줄어들었고 코티졸 수치가 증가했으며 위험부담을 꺼리는 모습이 나타났다. 이 연구는 단순히 주관적 인식에 대한 것이라기보다 자세의 변화가 호르몬 균형을 변화시키고 의사결정에 대한 선호를 변화시켰다는 점에서 매우 의미 있는 연구이다. 이 연구는 두 집단 사이의 지배력 측정은 하지 않았지만 같은 집단 내의 변화를 측정했다.

이제 자신의 몸짓 언어를 바꿔라. 그러면 호르몬 균형이 바뀌고 잠재적으로 건강에도 좋은 영향을 줄 것이다. 테스토스테론이 증가할수록 리비도가 증가하고, 이는 생식력의 증가로 이어지고 코티졸 수치를 낮추어 스트레스를 덜 받게 한다. 이는 여성도 마찬가지이다. 부작용이라고 한다면 식욕이 증가하고, 지나친 자신감으로 마구 뛰어다닐 수 있다는 것이다.

이 실험은 다양한 상황에서 진행되었고, 그 결과는 다음과 같았다.

- 얼굴 표정의 변화는 사물과 사람에 대한 감정에 영향을 미친다.
- 자세가 사고 과정의 질과 폭에 영향을 미친다.
- 신체 반응이 사고의 방향에 영향을 미친다.
- 신체 반응이 자신감에 영향을 준다.

이와 관련된 재미있는 연구들을 살펴보자. 예를 들어 펜을 입에 물고 만화를 보는 상황이라고 가정하자. 이런 상황에서는 미소가 나오지 않는다. 그렇다면 만화가 재미있게 느껴지지 않는다.[79] 미소가 나오지 않을 때는 만화나 그 상황이 재미있게 느껴지지 않는다.

고개를 끄덕이는 행위도 인식에 영향을 미친다고 언급한 바 있다. 고개를 끄덕이는 행위가 사물에 대한 호감도에 영향을 미칠 수 있다. 한 가지 사물을 보면서 고개를 끄덕인다면 그 사물에 대한 호감도가 증가하고, 어떤 이야기를 들으며 고개를 끄덕인다면 고개를 흔들 때보다 더 큰 영향을 준다.[80]

신체 움직임을 제한하게 되면 사고 과정도 제한될 수 있고, 사고의 방향도 제한될 수 있다. 알고 있는 사실을 말하려 할 때 혀끝에서 빙빙 돌기만 할 뿐 말로 표현되지 않는 설단현상 실험에서 손과 팔을 움직인 집단이 손과 팔을 몸에 붙이고 있었던 다른 집단보다 단어를 더 쉽게 기억할 수 있었다.[81]

이 연구의 연장선상에서 이야기하자면 얼굴 표정 변화를 제한할 때 말의 음절을 구별하는 능력이 줄어들 수 있다. 이 실험은 2008년에 보고된 글렌버그Glenberg, 사토Sato, 카타네오Cattaneo의 연구를 통해 증명되었다.[82] 가벼운 키스를 할 때처럼 입술을 내민 상태로 입을 닫고 있을 때 운동 피질이 제한되고, 이는 음절을 구별하는 능력의 제한으로 이어진다. 이를 알아채기는 어렵다. 아마도 당신은 이 실험에 자신이 있겠지만 실제 점수는 현저히 낮을 것이다.

몸짓 언어는 로맨틱한 감정에도 영향을 준다. 먼저 로맨스에 실망 감을 안겨주는 것에 대해 사과하겠다. 이성의 눈을 바라보고 있으면 그 사람에 대한 호감이 더욱 증가한다.[83] 화학작용과는 아무런 관련이 없다. 단지 마음이 눈을 오래 바라보는 행위와 로맨스를 연결 짓는다. 따라서 상대의 눈을 억지로 바라보더라도 로맨틱한 감정이 생길 수 있다! 이는 또한 호르몬 균형에 영향을 미치고 가슴 두근거림으로 이어진다. 괜찮은 힌트였는가?

이제 긍정적 순환으로 돌아와보자. 앞에서 이미 언급했듯이 몸짓 언어는 많은 것에 영향을 준다. 이 중 우리가 의식적으로 느끼는 것은 거의 없다.

가수들은 아마도 목소리를 더 좋게 더 멀리 내려면 똑바로 서 있으라고 조언할 것이다. 유명한 가수들 중에 마이크 앞에서 몸을 웅크리는 이들이 있던가. 연쇄반응 효과와 같이 목소리는 더 강력해질 것이고 더 멀리 퍼질 것이며 더 큰 자신감이 생길 것이다. 당신이 하는 말은 더욱 자연스럽고 설득력 있게 들릴 것이다.

몸을 통해 감정을 알 수도 있다. 이와 관련된 실험들이 결정적이고도 광범위하게 진행되었다. 인지 개념은 구체화되고 그 전체적인 개념은 전에 없이 그 중요성이 커져가고 있다. 취리히나 MIT와 같은 인공지능 연구실에서는 인간의 지능뿐만 아니라 살아 있는 모든 것의 지능은 몸과는 떼려야 뗄 수 없는 것이라는 결론을 얻었다. 이들 실험은 몸과 환경의 상호작용을 통한 지능에 초점을 두고 연구를 진행한다.

몸을 통해서 사고 과정에 영향을 줄 수 있다. 사실 림빅Limbic[84]이라 불리는 새롭고 혁신적인 의자는 앉은 채로 온몸을 움직일 수 있게 설계되어 뇌의 활성화, 지능, 영감을 높일 수 있다. 한마디로 편안하다는 말이다. 나는 우연히 이 의자를 하나 사게 되었다. 7000달러나 지불했지만 건강과 정신적 과정에 대한 일말의 고려가 있었다.

이 의자에 앉아 있으면 자연스럽게 글이 써진다. 내 몸이 조화로운 상태가 되고 불편하지 않기 때문이다. 생각의 자신감 역시 앉는 자세와 연관되어 있다.[85]

일상생활을 하는 동안 신체를 활용하여 감정을 움직여라. 아마 내적 감정에 관해 뭔가 할 일이 있을지도 모른다. 그러나 우리는 역순환을 활용하여 몸과 신체를 연결시킬 수 있다. 자신감 있게 보임으로써 자신감을 만들어라. 건강에도 분명 도움이 될 것이다.

말하는 기술

폭스 박사는 힘이 들어간 자세를 유지했다. 뿐만 아니라 강력하게 말하는 기술도 가지고 있었다. 이 둘을 별개로 생각할 수 없다. 자신감에 찬 자세를 가지면 당신을 바라보는 타인의 시선과 당신이 타인의 말하는 기술을 보는 인식에도 영향을 미친다. 자신감에 찬 자세는 사방을 탁 트이게 하여 목소리를 뻗어나가게 한다. 우리는 지금 대중 앞에서 말하는 기술을 배우고 있다.

자세

말하는 기술의 첫 번째는 자세이다. 자세는 말을 유려하게 할 수 있는 능력, 당신에 대한 시각적 이미지, 말을 전하는 능력에 영향을 준다. 가장 먼저 할 일은 자세를 가다듬고 대중 앞에 신뢰를 주는 자세로 서는 일이다. 청중은 200명이 될 수도 있고, 스무 명이나 두 명이 될 수도 있지만 이 기술은 중요하다. 회의실의 몇몇 사원들 앞에 서 있을 때도 자세를 가다듬어야 한다는 것을 명심하라.

움직임

대중 앞에서 연설할 때 가장 하기 쉬운 큰 실수가 강연 내내 강연용 탁자 뒤에 서 있는 것이다. 몸을 움직이면 변화를 줄 수 있다. 눈은 한 곳에 두지 않고 사람들을 따라다닌다. 자신감이 생길 것이고 자세도 다양하게 바뀔 것이며 여러 가지 효과를 낼 것이다. 무대 위에 서게 된다면 무대 전체를 활용하는 편이 좋다. 무대 구석에 숨어 있는 행동은 자신을 약한 존재로 만들 뿐이다. 무대를 장악하고 무대 위의 모든 공간을 활용하라.

배로 내는 소리

연설자들에게 종종 가르쳐주는 한 가지 비법은 배로 말을 하는 것이다. 극도로 긴장했을 때의 경우를 생각해보라. 그리고 목소리가 어디에서 나오는지 떠올려보라. 보통 매우 긴장한 상태에서 대부분의 사람들은 머리나 몸 밖의 어딘가에서 목소리가 나온다고 느낄 것이다. 자신감에 차 있을 때를 떠올려보라. 스스로 기분이 좋을 때를 생각해보라. 그럴 때 목소리는 어디에서 나오는가? 몸 속 깊은 어딘가에서 나오는 것처럼 느껴질 것이다. 배 속 어딘가에서.

긴장되고 목소리가 목구멍으로 넘어가려고 할 때 내가 사용하는 방법은 소리를 배 속으로 집어넣는 것이다. 그렇게 하면 소리는 공명하고 더 강력해지고 기분도 좋아져 긍정적 순환이 작동된다. 게다가 목소리 톤도 낮춰준다. 목소리 톤에 따라 자신감도 생긴다. 긴장하거나 위축된 상태일수록 목소리 톤을 깊게 내면 목소리가 강해지고 커진다. 소리를 배 속으로 집어넣음으로써 톤이 낮아지고 대중들의 귀에도 강력하게 들린다.

말의 속도

말을 빠르게 하든 느리게 하든 같은 속도로 말을 하면 청중이 흥미를 잃는다. 좋은 연설자는 말하는 속도를 조절한다. 때에 따라 빠르게, 느리게 변화를 주며 말을 한다. 한 문장 속에서도 속도 조절이 가능하고, 문장들 사이에서도 속도 조절이 가능하다. 천천히 말하는 것 이외에는 방법이 없다. 말의 속도를 이용하여 중요한 내용을 강조하고 변화를 주라.

뜸 들이기

유명한 연설자는 말을 하다 잠깐씩 멈추는 경향이 있다. 말의 속도 조절과 함께 이 방법을 사용하면 그 효과는 강력해진다. 말을 하다 뜸을 들이는 행위는 대중들의 집중을 유도해내고, 생각하게 만든다. 말을 멈추지 않으면 우리 마음은 귀로 들었던 것을 처리할 시간이 부족하고, 깊이 있게 생각할 기회도 생기지 않는다. 적절한 뜸 들이기는 배경이 각기 다른 청중들의 참여를 이끈다. 많은 대중 앞에서 강연할 때 뜸을 들이려고 하면 처음에는 어색할 수 있다. 그러나 누구도 알아채지 못하는 사이, 당신이 말한 내용의 효과와 힘이 상승하는 그 시간 동안 얼마나 오래 말을 하지 않을 수 있는지 확인한다면 깜짝 놀랄 것이다. 5초 정도가 적당하다. 지금 글을 읽는 것을 잠깐 멈추고 천천히 5초를 세어보라. 그 시간이 누군가에게 말을 할 때 멈출 수 있는 최대 시간이다. 나를 믿어라. 당신 말의 효력을 높일 것이다. 물론 적당한 때가 있다. 질문을 한 뒤나 중요한 발언을 한 뒤가 좋다.

중간에 말을 멈추는 것은 소리의 높낮이, 강약이나 말하는 속도와 같은 미묘한 기술 없이도 큰 집중을 유발하는 가장 쉬운 방법이다. 폭스 박사는 말을 멈추는 것의 효과를 알고 있었다. 그는 역시 훌륭한 배우였다.

음조

음조는 목소리 톤의 변화를 의미한다. 높낮이를 말한다. 영어에는 다양한 톤이 있다. 강세와 초점은 음량, 타이밍, 음조 변화의 배합이다. 아이에게 말을 하는 어머니를 떠올려보라. 목소리 톤에 얼마나 많은 변화가 일어나는지. "안녕"을 세 가지 방식으로 말하는 연습을 해보자.

- 반음 내린 음조(지겹다)
- 중간 음조(재미있다)
- 높은 음조(놀랍고 매우 재미있다)

음조는 감정과 흥미를 자아내는 것이라는 말은 이제 할 필요도 없다. 음조 없이 말을 하면 듣는 이들은 지루해한다. 184쪽의 메라비안의 연구를 생각해보라. 메시지의 38퍼센트는 소리의 높낮이와 장단의 조절로 전달된다. 용감해져라. 그리고 목소리를 조절하여 당신의 감정을 느끼게 하고, 이야기 속에 흥분된 감정을 표출하라. 폭스 박사가 아이에게 말하는 어머니처럼, 혹은 5년 만에 만난 친구가 반가워할 때처럼 과도한 음조를 사용하지는 않았을 것이다. 그러나 확실한 것은 폭스 박사는 단어를 강조하고자 음조를 효과적으로 사용했고, 청자의 흥미를 이끌어내고자 특정 범위 내에서 다양하게 음조를 만들어냈다는 것이다.

음량과 명확한 전달

음량과 목소리 톤은 강력한 자신감 표출을 가능하게 한다. 내가 만약 "그 사람은 폭발하는 듯이 큰 소리로 말한다"라고 얘기한다면 내 말을 들은 사람은 그를 자신감에 차 있고 힘찬 사람이라고 상상한다. 이런 식으로 음량과 목소리 톤은 자신감과 연결된다. 나 자신도 비교적 부드럽게 말하는 편이지만 나 역시 알고 있다. 당신도 뜸 들이기와 같은 여러 기술을 사용하면 청자들로부터 흥미와 힘을 이끌어낼 수 있다. 힘 있는 목소리의 힘은 거대하다.

이제 특정한 음량으로 말하는 연습을 해보자.

- 방의 앞쪽보다는 뒤쪽에 사람이 있다고 생각하고 말한다.
- 목소리는 몸으로부터 낸다(우리는 가끔 혼자 중얼거리기도 한다).
- 가슴에 대고 말한다. 이것은 배우나 가수들이 쓰는 방법인데 직접 가슴에 대고 말을 하며, 가슴이 진동하는 것을 느껴본다.

당신은 이제 똑바로 선 채로 자세를 바꾸고, 음량도 늘어날 것이다, 그리고 목소리가 아닌 몸으로부터 소리를 낼 것이다.

개인적으로 일어난 에피소드를 활용하라

폭스 박사 시나리오에서 지나치게 학구적으로 나가려 해서는 안 된다. 특히 우리는 비즈니스 단어들을 많이 사용하는 경향이 있다. 학구적인 단어들이 흘러넘치면 당신이 하는 말이 왠지 지적으로 들릴 수는 있다. 그렇지만 조심해야 한다. 왜냐하면 학구적인 단어들은 마음을 자극하지 못하기 때문이다. 인간은 학문보다는 느낌과 감정에 더 자극을 받는다. 학구적인 단어들을 마구 내뱉는다면 폭스 박사가 처음 강의했을 때처럼 오히려 청자를 혼란스럽게 만들 수 있다. 과학자들을 바보로 만들기도 한다.[86] 권위 있는 학회지에 논문을 실었으나 완전히 날조된 것이라는 평을 받은 '소칼의 사기'를 생각해보라. 앨런 소칼Alan Sokal은 여러 직함을 가진 사람이다. 그에게도 폭스 박사가 많다. 진실을 말하려고 해도 그 효과는 줄어들 수 있다.

나와 영국 최고의 전문 강연자 중 한 사람인 마이크 패건이 주최했던 파워 스피킹 워크숍에서 우리는 스토리 라인과 개인화 개념을 전달하는 데 많은 초점을 두었다. 개인적인 이야기에는 많은 것이 담겨 있다. 마음이 담겨 있고, 사람이 담겨 있다, 상대가 이야기에 빠져든다면 당신이 이긴 것이다. 가능하면 강연과 관련 있는 개인사를 들려주어라. 스토리 라인에는 줄거리가 있고 강연과 관련된 이야기가 있다. 은유법이나 비유를 사용하면 메시지를 명확하게 할 수 있고 더 잘 기억하게 할 수 있다. 첫 강연에서 폭스 박사에게 개인적인 이야기를 하라고 지도했던 것을 기억하는가? 이 방법을 사용함으로써 청자는 그의 학자적 면모를 우습게 본 것이 아니라 그에 대한 인식이 오히려 좋아졌을 것이다.

사람들의 기억에 남고 싶다면, 이야기 속으로 청자를 끌어들이고 싶다면 강력한 스토리 라인을 구상하라. 그리고 상대의 마음을 움직이게 만드는 자신만의 언어를 사용하라.

자신감 즐기기

자신감의 특징은 이미 몇 가지 알아보았다. 자신감은 타고나는 것이라고 잘못 생각하는 사람도 있다. 그렇지 않다. 나는 부끄러움을 많이 타는 소년이었다. 지금의 나를 본다면 이 말이 믿기지 않을 것이다. 나처럼 변한 사람이 꽤 있다. 나는 소규모 집단부터 대규모 집단까지 훈련시키고, 회사의 대표이사들을 코칭한다. 이들 중에는《포춘》이 선정한 100대 기업의 대표도 있다. 나는 청중들에게 수백 번, 수천 번 강연을 했다. 내가 자신감이 있냐고? 그렇다. 수많은 사람들 앞에서도 편안하다. 사실 나는 즐기기까지 한다.

그러나 다양한 통계자료를 예로 들어가며 대중들 앞에서 말하는 것은 대중들이 가장 크게 두려워하는 공포 중 하나이다. 사람들 앞에서 말하는 것은 당신이 사람들 앞에서 말을 하든 하지 않든 그것과는 별개로 일상에서 느껴지는 공포이다. 우리가 공통적으로 인식하는 잘못된 생각이다.

당신이 자신감이 없다고 느끼는 사실과 앞으로 자신감이 생길 수 있다는 사실을 구별하라. 몸짓 언어에서 이미 이야기했다시피 자신감은 몸짓 언어와 함께 작동하며 밖에서 안으로 들어오는 것이다. 스스로를 자신감 있는 자세로 만든다면 자신감이 있다고 느끼는 정도에도 영향을 미친다. 그러나 안에서 밖으로 나오는 것도 있다. 깊은 감정, 상상, 공포와 같은 것들이다. 이것이 고질적일 경우 이 두 가지 접근법을 모두 사용할 것을 권한다. 여러 수준에서 자신감을 키워보자.

자신감을 가지는 것은 여러 면에서 중요하다. 우선 기분을 편안하게 만들어주고 일상에서 자신에 대한 감정도 좋아진다. 몸짓 언어에서 언급했듯이 호르몬 균형도 좋아져 더 건강해지고 스트레스 받는 일도 줄어든다. 이렇게 되면 균형 있는 의사결정을 하게 된다. 폭스 박사 시나리오나 비즈니스 상황에서는 사람들 앞에서 당신의 이미지를 좋게 만들어주고 실제로 당신에 대한 인상도 좋아진다. 목소리에는 더 힘이 들어가고 강해진다. 이 모든 것들이 긍정적 순환으로 이어질 것이다. 그러면 위에서 말한 긍정적인 면들은 더욱 강화된다. 긴장감은 부정적 순환을 만들어내고 스스로 초라해지며 목소리는 더 작아지고 인상도 나빠진다. 당신의 눈앞에 있는 사람들이 더 이상 집중하지 않게 되며 긴장은 더 심해진다.

자신감을 키우는 몇 가지 방법을 살펴보자.

몸짓 언어

앞에서 이미 이야기했지만 몸짓 언어와 관련하여 또 한 가지 기억할 점이 있다.

몸짓 언어는 연구 결과로도 밝혀진 것처럼 긍정적 순환을 만들어내고 호르몬과 감정에 영향을 미친다. 자신감 있는 자세를 만들어주면 몇 분 뒤면 당신의 내적·외적 감정에도 영향을 미치기 시작할 것이다. 등을 곧게 편 자세, 바닥에 굳게 붙인 발, 중간 자세 등이 자신감 있는 자세이다. 공격적으로 보이게 몸을 앞으로 숙이거나 약해 보이게 몸을 뒤로 젖히지 않는다.

재구성

재구성의 개념은 경우에 따라 매우 강력한 힘을 발휘한다. 재구성을 하면 주어진 상황에서 마음이 재무장되고 태도가 재정립된다. 모두가 아는 사실인가? 공공장소에서 얘기할 때 말하는 사람은 그 상황을 재구성할 수 있다. 앞에서 언급했던 전문 연설가인 마이크 패건은 자기 입에서 '용기'라는 말은 나오지 않는다고 한다. 대신 그는 아드레날린을 이야기한다. 흥분하고 몸 안에서 꿈틀대는 무엇인가를 느끼는 것은 정상이다. 사실 이런 현상이 없다면 최상의 수행을 할 수가 없다. 결국 최상의 수행을 위해서는 어느 정도의 에너지와 집중력이 반드시 필요하다는 말이다. 따라서 용기보다는 아드레날린으로 어려운 상황을 재구성하라.

　마찬가지로 불편하게 느껴지는 어려운 상황에 대해서도 언급할 필요가 있다. 나는 이런 상황을 경험을 쌓는 기회라고 스스로 재구성한다. 이런 생각을 하면 결과가 어떻게 나올지 걱정되지 않는다. 경험은 나를 미래의 성공으로 이끌어줄 것이기 때문이다.

분리

또 다른 방법은 분리이다. 상황 밖으로 빠져나오는 방법이다. "한발 물러서서 자신을 바라보라"는 표현이 바로 그 예이다. 자신을 바라보라는 말은 제삼자가 되라는 말이다. 더 이상 자신에게 속해 있지 않고 자신과 분리되어 있다는 의미이다. 말을 해야 하는 상황에서 이 방법을 사용하라. 몸에서 영혼을 빼내어 말하고 있는 당신을 바라보라. 긴장과 자신에 대한 불확신을 불식시키는 데 도움이 될 것이다. 타인의 눈으로, 바라보고 싶은 방식으로 자신을 바라보는 것이다. 자신감에 찬 본인의 모습을 보고 싶다면 자기를 벗어나 가장 이상적인 자신의 모습을 본다. 어느 순간 기분이 좋아지고 긴장되었던 이전 감정에는 신경을 덜 쓰게 된다.

　내가 사용하는 방법은 시간 분리이다. 한 발 뒤로 물러선 뒤 시간적 흐름을 중심으로 상황을 바라보는 방법이다. 그 상황을 1년 전, 5년 전, 혹은 1년, 5년, 10년 후의 상황으로 생각하고 바라본다.

　예를 들어보자. '멋지게 연설했던 2010년 10월 18일에서 10년이 지

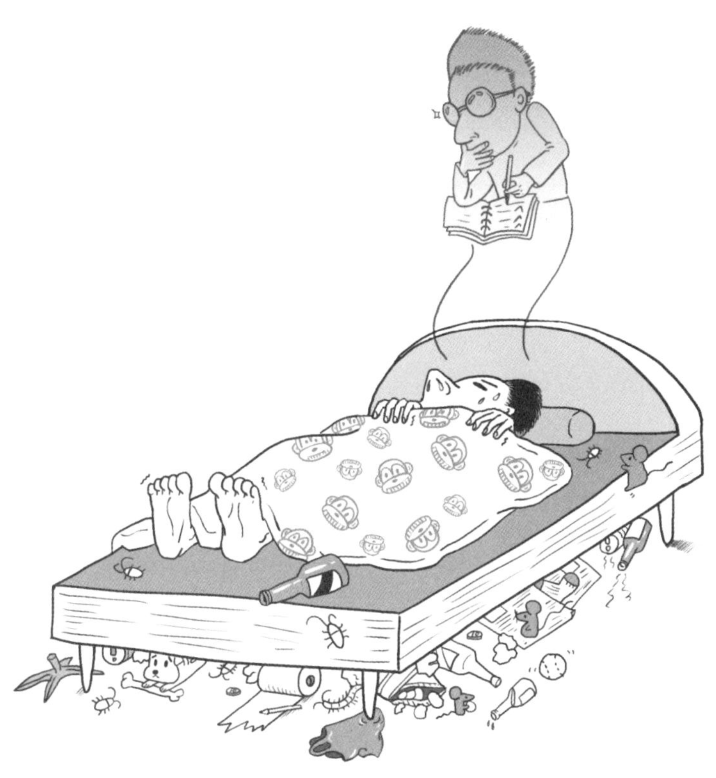

몸에서 영혼을 빼내어 자기 자신을 타인의 눈으로,
바라보고 싶은 방식으로 바라보면 어려움을 이겨낼 수 있다.

난 2020년에는 내가 얼마나 성장해 있을까.' 지난 10년 동안 나는 1000번의 연설을 해왔을 것이다. 성장이 더디다 해도 무슨 상관인가. 이런 생각만으로도 지금 이 순간의 어려움을 이겨낼 수 있다. 지금 한순간 말을 잘했고, 10년 동안 그렇지 않다는 사실이 그렇게 중요한가? 말하는 사람은 시선을 끌고 싶겠지만, 지나친 걱정과 초조함 때문에 오히려 말을 잘 못할 수 있다.

결과에 주목하라

대중 앞에서 말할 때 상황이 나빠지기를 바라는 사람이 있는가? 아무도 없다. 아주 좋은 상황으로 흘러가기를 바랄 것이다. 우리 모두가 그렇다. 만약 그렇다면 왜 우리는 자신이 어떤 실수를 했는지에만 주목하는가. 많은 사람들이 이것을 안다. 처음에는 이렇게 생각할 것이다. '사람들이 나를 비웃으면 어떡하지?', '말을 안 더듬었으면 좋겠다', '바보처럼 안 보이면 좋겠다' 등. 심리학에서는 이것을 반어 처리 이론이라고 부른다. 간단하게 설명하자면 우리는 자기가 한 말에 한 번 집중하면 계속 집중하게 된다. 특히 어려움이 큰 상황에서 더욱 그렇다. 왜냐하면 우리 마음은 무의식과 의식이 동시에 작동할 때 문법을 더 이상 처리하지 않기 때문이다.

그때부터 우리 마음은 '바보가 될 것'이라는 사실에만 초점이 맞춰진다. 대중 앞에서 말할 때 이와 같은 일이 계속 반복되면 강연을 망칠 정도로 자신이 바보가 되었다는 생각으로 가득 차게 된다. 자신을 바보로 만든 것은 자기 자신이라는 사실을 기억하라. 다른 누구도 아닌 바로 당신이다. 우리는 가끔 잊는다. 얘기를 듣는 이들의 시선은 당신에게 꽂혀 있다. 그들은 당신이 말을 잘해주기를 바란다. 가장 큰 장애물은 바로 당신 자신이며 듣는 이들이 아니다. 물론 이런 생각도 재구성될 수 있다.

두려움을 어떻게 극복할 것인가? 간단하다. 긍정적인 결과에만 초점을 두면 된다. 부정적인 생각을 할 자리에 좋은 생각을 채워 넣는 것이다. 예를 들어 나는 대중 앞에서 말할 때 다음과 같은 생각을 머리에 담아둔다.

- 강연장 안에서 자신감 있는 자세로 서 있는 상상을 한다.
- 듣는 이들이 내 말에 집중하고 있다.
- 나는 편안해 보인다.
- 청중에게 반응을 아주 잘하는 것으로 보인다.
- 나의 힘찬 목소리가 들린다.
- 내 말에 즐거워하는 청중들이 보인다.
- 강연 마지막에 박수 소리가 들린다.
- 사람들이 나에게 와서 칭찬하는 모습이 보인다.
- 나를 칭찬하는 목소리들이 들린다.

어떤 상황에서나 이런 생각을 할 수 있다. 나 역시 긍정적인 생각을 머릿속에 심을 때는 다양한 감각을 활용한다. 감각이 많을수록 긍정적 사고를 더 많이 할 수 있다. 결국 무엇을 보고, 무엇을 느끼고, 무엇을 들을 수 있느냐이다. 어떤 냄새를 맡고 어떤 맛을 느낄 수 있느냐까지도 포함된다. 나는 1인칭 시점인 연합과 3인칭 시점인 분리로 긍정적 결과를 떠올려본다.

부정적인 생각이 머릿속에 파고드는 것을 어떻게 막을 수 있냐고 반문하는 사람들도 있다. 물론 마음 통제 같은 것들로 막을 수 있다. 그렇지만 대부분의 경우 부정적인 생각이 드는 것은 습관이다. 이것을 타파하는 첫 번째 단계가 긍정적으로 생각하는 연습을 하는 것이다. 처음에는 어렵지만 하면 할수록 쉬워진다.

즐기기

그렇다. 그냥 즐겨라. 말을 할 때의 상황, 중요한 회의, 스포츠 경기, 스트레스가 유발되는 상황에 대해 말을 할 때도 언제 어디서든 즐겨라.

어떤 때는 별다른 이유 없이도 큰 스트레스를 받는다. 그러나 기억하라. 인생은 짧고 인생의 부분 부분은 경험이다. 긍정적인 경험을 많이 쌓을수록 우리 인생은 더 나아진다. 부정적일수록 인생이 나빠지는 것은 말할 것도 없다. 그러니 그냥 즐기는 것이 어떤가? 사람들의 시선을 받는 그 장소에 서 있을 수 있는 기회를 즐겨라. 부정적인 생각이 머릿속을 파고든다고 해도 뭐 어떤가! 어떤 경기에서 이기고 싶었지만 완전히 망쳐버렸다고 해도 인생에 있어 작은 일부분인데 그게 무슨 대수인가? 이런 상황을 마주할 수 있다는 것이 행운이라고 생각하는 것 이상으로 그 또한 내가 이 땅에서 해야 할 일인 것이다. 나는 간혹 이것을 어디선가 들었던 이야기를 바탕으로 '타이거 우즈' 개념이라고 부른다. 2009년 혼외정사로 기사에 오르내리기 전에 들었던 이야기다.

타이거 우즈는 중요한 퍼팅을 앞두고 어떻게 그렇게 골프를 잘 하는지 질문을 받았다. 우즈는 자신도 극심한 압박을 받는다고 대답했다. 압박은 받지만 우승과 수백만 불의 상금을 받는 순간까지 남은 이 마지막 한 번의 퍼팅 때문에 자신이 그 자리에 서 있는 것이라고 대답했다. 우수한 골프 선수는 이렇다. 홀에 공을 넣는 것이 문제가 아니다. 3번 홀에서 버디를 기록하는 것이 다가 아니다. 골프 선수가 된다는 것은 우승을 차지하기 위해 18번 홀에서 퍼팅을 하는 것이다. 그것이 돈을 받는 이유이며 그의 꿈인 것이다. 우승을 위해 자신이 서 있는 18번 홀은 그에게 최고의 장소인 것이다. 꿈의 장소 말이다.

당신도 그래야 한다. 즐겨라! 인생을 즐겨라!

감정 조절

감정 조절은 자신의 상태를 조절하는 것과 관련된다. 그렇다. 감정은 조절된다. 감정은 당신의 손에 달려 있으며, 생각 이상으로 조절이 가능하다. 수년 전부터 스포츠 심리학에서는 감정 조절을 연구해왔다. 신경 언어학 프로그램에 대한 지식이 있는 이들 역시 이것을 고정된 상태로 알고 있을 것이다. 감정 조절은 여러 형태가 있다. 예를 들면 최면과 같이 어떠한 상태에 빠지는 기술과도 관련이 있다. 여기서는 이를 통해 감정 조절을 설명할 것이다.

사고의 적절성에 관해서도 강조하고 싶다. 수많은 워크숍에서 강연을 하면서 나는 간단한 연습을 했다. 앞에서 언급했던 것과 비슷하다. 청중 한 명을 앞으로 나오게 한 뒤 두 손을 앞으로 나란히 든 채 서 있게 한다. 그리고 내가 그 두 팔을 내리려고 할 때 힘을 주라고 한다. 나는 그 사람에게 두 가지 이야기를 들려주고 질문을 할 거라고 말한다. 이야기에 대해 생각할 시간을 준 뒤 나는 두 팔을 아래로 내리려고 하고 그들은 내리지 않으려고 힘을 준다. 첫 번째 질문은 살아가면서 특별히 힘들었던 상황을 떠올리게 하는 것이다. 이 질문 후에 두 팔을 내리려고 하면 저항력이 줄어든다. 다음으로 특별히 좋았던 기억을 떠올리게 할 때는 저항력이 달라진다. 더 강해져 있다. 긍정적 사고를 단 몇 분, 몇 초만 하는 것으로도 신체 강도가 어떻게 달라지는지 보여주는 실험이다.

부정적 사고는 당신의 에너지를 약화시킨다. 긍정적으로 다시 생각해보자. 어떤 상황을 떠올리는 것만으로 신체 강도나 태도가 달라진다. 좋았던 상황을 자주 떠올려보자.

다시 감정 조절로 돌아와보자. 감정을 조절된 상태로 만들면 신체도 조절될 수 있다, 우리가 원하는 상태로 말이다. 예를 들어 우리가 폭스 박사 모드로 사람들 앞에서 말할 상황이라고 가정해보자. 과거에 사람들 앞에서 말을 잘했을 때를 떠올려보자. 그런 경험이 없었다면 특별히 자신감이 높았고 힘이 났던 상황을 떠올려보자. 실험으로도 확인했지만 효과는 매우 좋다. 그러나 완전히 그 상태가 되려면 더 세부적으로 들어가서 그 감정 속에 진짜 빠져들어야 한다.

◆ 1인칭 시점에서 그 상황을 떠올린다.

◆ 당신은 무엇을 보고, 어떤 색깔을 보았는가. 아주 조심스럽게 그 상황을 떠올리고 당시 보았던 사물, 사람, 색을 떠올리려고 노력한다. 기억을 못한다고 해도 문제될 건 없다. 떠올리려는 노력이 중요하다.

◆ 그 뒤에는 소리를 떠올려라. 어떤 소리든 좋다. 음악 소리, 중얼거림, 찻길의 소음, 바닥에 의자가 굴러가는 소리. 어떤 작은 소리든 마음속에서 당시의 소리를 찾는 것이 중요하다.

◆ 이제 그때의 냄새와 맛을 기억해낸다. 더 어려워졌다. 아주 조심스럽게, 깊이 생각하자. 냄새를 맡고 맛을 봤을 것이다. 당신이 있던 그 장소에는 독특한 냄새가 있었을 것이다. 그것을 찾아내라. 먹었던 것, 마셨던 것 어떤 것이든 좋다. 마음속을 훑어서 그것들을 찾아내라.

◆ 아마 짐작했겠지만 다음은 촉감이다. 무엇을 만졌고, 무엇을 느꼈는가. 책, 옷, 신발, 탁자 위의 차가운 물병. 끊임없이 말하는 것 같지만

저 마음 깊은 곳으로 들어가서 무엇이라도 찾아내라. 중요한 촉감이었든 일반적인 느낌이었든 상관없다.

◆ 마지막으로 정서 감각으로 가보자. 정서적으로 경험한 것을 떠올려본다. 그 느낌이 어떻게 생겨났는지 생각해본다. 그리고 그 느낌이 당신 몸에서 어떻게 서서히 명확해졌는지 생각한다. 그와 동시에 당신에게 무슨 일이 일어났는지 떠올릴 수 있는 한 기억을 떠올려보자.

이 과정을 거치면 그때의 감정과 느낌 속으로 완전히 빠져들게 될 것이다. 이 일은 팔을 내리는 실험에서 했던 것과 같은 것이다. 세세한 부분을 찾아내려는 노력이 중요한 이유가 바로 이것이다. 결과보다 과정이 중요하다. 세세한 부분을 떠올림으로써 당신은 완전히 그 상태에 빠지게 된다. 이 연습은 매우 강력해서 많은 프로 운동선수들이 사용하는 방법이다.

긍정의 닻으로 사용할 상황을 몇 가지 기억해둔다. 그리고 그 상황을 떠올리며 위에 언급한 여섯 가지를 세세하게 실행한다. 이를 통해 더욱 긍정적인 상태로 들어설 것이고 원하는 수준으로 말할 수 있는 능력을 갖출 것이다.

이 방법은 회의, 면접, 프레젠테이션, 판매 회의, 이성과의 대화, 스포츠 경기에서도 사용할 수 있는 기술이고 이 외에도 수없이 많은 상황에서 활용할 수 있다.

정서적 자기 성찰

이미 몇 번에 걸쳐 이야기했지만 이 기술은 매우 강력한 반면에 간단하기도 하다. 정서적 자기 성찰은 뇌에서 정서를 관장하는 영역을 평온한 상태로 만들 수 있다.[87] 명상에서 오픈마인드 기법[88]부터 마음을 평온하게 만드는 여러 기법들까지 다양한 형태로 사용되는 기술이다. 정서적 자기 성찰은 내적으로 자신의 정서를 눈으로 보고, 어떤 정서든 그것이 존재한다는 것을 인정하는 것이다. 자신의 정서를 눈으로 보고, 걱정하거나 분석하거나 통제하기보다 건드리지 않고 그냥 놔둔 채 지켜보라는 말이다.

긴장되거나 두려움을 느낄 때 그 기분을 있는 그대로 관찰한다. 판단하거나 이유를 찾으려 하지 말고 그 옆에서 기분이 어떻게 드러나는지, 어떻게 사라지는지, 당신 몸속에서 무슨 짓을 하고 있는지 두고 본다. 동물을 관찰하는 과학자처럼 방관자의 모습으로 지켜만 본다. 그리고 자신과 대화하기 시작한다.

"아, 긴장되네. 이 긴장이 어디서 나오는 거지? 배가 조금 아픈데 마치 이 통증이 몸을 따라 움직이는 거 같아. 희한하네. 또 뭐가 있지? 마음이 불안하기도 하고, 몸이 가렵기도 하고. 새로운 느낌인데? 따끔거리기도 하고. 이것도 몸을 따라 움직이는 거 같아."

자신과의 대화는 계속된다. 자신의 감정 옆에서 말이다. 감정과 싸워 이기려 하지 않는다. 인지적으로 감정을 다루면 상태가 더 나빠질 수도 있다. 인지적으로 감정을 이해하려면 논리적 이유와 해결책을 찾으려 할 것이다. 당신의 마음과 정서는 무의식에서 작동되거나 논리적 분석으로 처리될 수 없다. 감정 옆에 나란히 앉아 있음으로써 감정에 빠질 수 있고, 현재의 감정을 인정할 수 있다. 이 정도면 마음의 안정을 찾는 데 도움이 되기 시작했는가?

사실 신경과학 분야의 연구[89]에서 이런 결과를 발표했다. fMRI에 들어간 참여자에게 다양한 시각 자극으로 감정을 자극한 뒤 느낀 감정들을 말로 설명해보게 했다. 화면을 통해 연구자들은 정서를 관장하는 부분이 비활성화된 것을 확인할 수 있었다.

감정이 가지고 있는 재미있는 점이 있다. 최근 독일에서 강연을 했는데, 독일어는 모국어가 아니라서 나는 평소보다 더 긴장한 상태였다. 강연을 시작하기 전에 몇 가지 정서적 자기 성찰을 했고, 조금 긴장되었지만 호흡을 제한하기 시작했다. 이는 신체의 효능을 키워준다. 산소를 들이마시지 않으면 우리 몸은 스트레스를 받는다. 나는 다른 기술을 사용할 수 있었지만 숨을 깊이, 정확하게 내쉼으로써 나 자신을 더욱 안정시킬 수 있었다.

조금 유명해지기

폭스 박사의 마지막 단계는 당신의 실제 수행 능력과는 별개인 외적 이미지를 만드는 것이다. 조금 유명해져서 당신의 능력을 극대화하는 방법을 살펴보자.

유명해지는 방법

지금까지 사람들 앞에서 말을 더 잘하게 만드는 다양한 요소들을 살펴보았고, 우리 안에 폭스 박사를 조금 더 채워 넣었다. 다시 한 번 말하지만 연기를 하라는 말이 아니다. 당신의 재능과 당신이 익힌 기술이 빛을 발하게 하라는 것이다. 많은 종류의 비즈니스를 경험한 내 입장에서 보자면 실제 능력보다 크게 과소평가되는 사람들이 많다. 폭스 팩터 때문이다.

조금 유명해지자는 말은 로버트 쿰로이Robert E. Kumroy의 저서[90]에 소개된 개념으로, 저자 역시 실제로 조금 유명한 사람이다. 이 책은 브랜드와 평판을 쌓는 내용을 다룬다. 이 일은 생각보다 어렵지 않다. 명성을 쌓는 데 조금 집중하면 된다. 오늘날 이 세상에는 수천 개의 블로그(사실 수백만 개가 넘겠지)와 온·오프라인 신문, 개인 라디오방송이 있다. 기사를 쓰고 라디오나 텔레비전에 출연하고 책을 쓰는 것이 더없이 쉬워졌다. 약간의 명성을 쌓는 방법이 전에 없이 쉬워진 것이다.

폭스 팩터는 두드러진 개인의 성격으로 만들어지는 것이 아니라 그를 보는 사람들의 눈으로 결정된다. 예일 커뮤니케이션 연구팀의 연구 결과를 떠올려보자. 그 사람의 평판과 조금 유명한 정도에 따라 폭스 팩터가 만들어진다. 폭스라는 이름은 한 가족의 성이 아니다. 만들어진 가상의 이름이니까. 이런 것들이 당신에 대한 사람들의 생각에 색을 칠할 것이다. 말을 시작하기도 전에 말이다. 따라서 평판을 조금 얻게 되면 삶의 많은 영역에서 큰 도움이 될 것이다. 그리고 재미도 생긴다.

책을 써보자

책을 써보자. 간단하다. 단어의 권위는 작가에서 비롯된다. 따라서 당신이 작가라면 어떤 주제를 선택하든 그 글에는 권위가 실릴 것이다.

아마도 책을 쓰라는 말에 많이들 당황했을 것이다. 당황하는 이유는 책을 써본 적이 없기 때문이다. 인생에서 해본 적 없는 큰 도전들도 마찬가지지만, 뭐든 하면 할수록 쉬워지는 법이다. 내 경험을 말해보면, 내가 처음 썼던 책[91]은 완성하는 데 2년이 걸렸으며 쓰는 동안 문제도 많았고 답답하기도 했다. 독자가 읽고 있는 이 책은 두 번째 책으로, 처음보다 쉽게 썼다. 세 번째 책도 쓰기 시작했고, 네 번째 책은 개요를 이미 짜놓은 상태이다. 그렇다. 책을 쓰는 것은 도전이 필요한 일이다. 그러나 완전히 불가능한 것은 아니다. 일찍 시작하는 것이 더 낫다.

그럼 어떻게 시작하는 것이 좋은가? 우선 어떤 주제로 글을 쓸지 생각한다. 주제는 당신이 더 알고 싶은 것이나 열정적으로 할 수 있는 것으로 선택하고, 개요를 짠다. 처녀작으로는 세상에 충격을 주기 힘들다. 단어가 10만 개씩 들어갈 필요도 없고 놀라움을 자아낼 만큼 학구적인 내용이 아니어도 된다. 그냥 책이면 된다. 어렵게 생각하지 마라. 2~3만 단어 정도로만 책을 채우도록 한다. 더 쓰고 싶다면 말리지 않겠다. 한 달 동안 하루에 1000단어 정도로 글을 써보길 바란다. 불가능한 일도 아니고 별로 어렵지 않게 느껴질 것이다.

책 쓰기

책을 쓰는 과정을 살펴보자.

- 개요를 짠다.
- 독자층을 고려한다.
- 2~3만 단어로 논리적이고 부드러운 문장을 구성한다.
- 색인을 만든다.

◆ 교정을 보고 한 장이 너무 길면 다시 쓴다.

◆ 다시 한 번 교정을 본다.

◆ 교정을 또 본다.

내 경험으로 말하자면 최악의 상황은 아예 글을 쓰지 않는 것이다. 두려워하는 것보다 책을 쓰는 편이 더 낫다.

이제 책 자체에 대해 이야기해보자. 책은 잡지 기사보다 중요하다. 책은 영원불멸하고 더 가치 있다. 손으로 잡을 수 있고, 사람들에게 전달해줄 수도 있다. 그리고 감동을 준다. 얼마 전에 비즈니스 서적 관련 베스트셀러[92] 작가인 로타르 자이베르트Lothar Seiwert와 이야기를 나눈 적이 있다. 그가 말하길 책은 자신의 가치를 다양화할 수 있는 최고의 방법이라고 했다. 어려운 책에서 뭔가를 배우지 못할 것이라고 걱정하지 마라. 그렇게 할 수 있는 사람은 몇 안 된다. 그러나 그 책이 당신에게 주는 가치 속에 또 다른 가치가 있고, 다양한 상황 속에서 더 많은 것을 배울 수 있다.

요즘에는 개인이 도서를 출판하기가 쉽다. 합리적인 가격에 출판 서비스를 제공하는 회사도 많다. 큰 돈 들이지 않고도 자신만의 책을 출판할 수 있다는 말이다. 유명한 출판사를 통하는 것이 물론 더 낫겠지만 장벽이 만만치 않다. 출판할 수만 있다면 유명한 출판사도 좋다. 책과 그 내용, 대상, 그 외 책다운 책이 되는 것들에 대한 명확한 생각을

책을 쓰는 일은 생각보다 어렵지 않다.
두려워하는 것보다 책을 쓰는 편이 더 낫다.

가지고 준비를 철저히 해야 한다. 많은 출판사들이 초판 1,000부 정도는 당신에게 부담을 지우려고 할 것이다. 처음 작가가 된 나의 지인도이 사실에 분개했지만 좋은 조건을 받아내려고 노력했고, 다행히 좋은조건으로 인세 계약을 했다.

그러나 로타르 자이베르트는 출판사가 우려하는 가장 큰 장애물을제거하라고 말한다. 장애물이란 당신의 책이 돈이 되느냐이다. 작가의입장에서는 자신의 책이 이 세기 최고의 책이라고 여길 수 있지만 잔인한 현실은 당신이 생각하는 그 이상으로 책이 팔리지 않는다. 간단한통계를 보자. 2005년에 20만 6000부의 책이 영국에서 출판되었다. 미국보다 많다. 이 중 대부분이 열 부 미만의 판매고를 보였다. 인생을 말해주는 간단한 사실이다. 당연히 출판업자 입장에서는 걱정이 되고, 당신 역시 출판 시장이 어떻게 돌아가는지 알고 있다. 대부분의 출판업자들에게 이 시장은 전혀 돌아가고 있지 않다. 이들이 우려하는 가장 큰장애물을 제거해줘라. 당신은 출판을 하고 싶지만 알려지지 않은 작가이다. 그러니까 간단하게 그 장애물을 제거해주면 된다. 적절한 선에서인세 계약을 하고, 1000부 정도는 개인 돈으로 구입하라. 그리고 직접팔아라. 당신 힘으로 팔 수 있을 정도로 좋은 책이라면 출판을 하는 것만으로도 큰 효과를 거둘 수 있다. 그러나 당신이 그렇게 생각하지 않는다면 자비 출판을 하는 방법도 있다.

책을 출판하는 일은 절대 어렵지 않다. 당신과 책 사이를 가로막는 것은 당신 자신뿐이다. 우리 모두에게는 책이 있고, 책은 쓰면 쓸수록 쓰기 쉬워진다.

지금 바로 책을 쓰기 시작하라.

언론과 친해지려면

바로 앞에서 말했듯이 책은 신문보다 더 가치가 있다. 그렇다고 신문 기사나 잡지, 텔레비전과 라디오가 중요하지 않다는 것은 아니다. 그 반대이다.

언론에 당신의 이름이 더 많이 등장할수록 좋다. 대중의 머릿속에 이름이 각인되려면 당신 이름이 언론에 일곱 번은 등장해야 한다. 당신이 전문가 수준이라면 더 빠르게 기억될 것이다. 재정 분석가나 보험 전문가나 기술자라면 당신의 이름이 전문가를 다루는 학회지에 실리도록 하라. 이런 학회지는 아주 많다.

이 모든 것을 시작할 폭스 팩터를 당신이 가지고 있지 않다면 어렵게 느껴질 수도 있을 것이다. 당신이 지금 폭스 박사가 아니라면 더 어려울 것이다. 그러나 놀랍게도 많은 신문, 잡지, 지역 라디오와 텔레비전은 기사를 제공해줄 사람들을 기다린다. 이들도 결국 지면을 채워야 하고 흥미를 끄는 정보를 일정하게 내보내야 하기 때문이다. 당신이 재미있는 기사거리를 제공할 수 있다면 시도해볼 만하다.

지역을 먼저 공략한 뒤 전문가 영역으로 들어선다. 지금까지 들어보지 못했거나 적극적으로 읽어볼 생각을 하지 않았던 많은 잡지와 전문가 포럼을 살펴보라. 그리고 당신이 잡지나 포럼에 정보를 제공할 수 있는 방법이 있는지 문의한다. 많은 곳에서 귀를 기울일 것이다. 처음에는 그들이 원하는 것과 당신의 정보가 일치하지 않을 것이다. 그러나 할 수 있는 만큼 문의하고 시도하라. 다시 말하지만 해볼 만하다. 얼마나 해볼 만한지는 알 수 없다. 시도해본 경험은 당신에게도 좋고, 천천히 그러나 확실히 당신 속에 폭스 팩터를 만들어줄 것이다.

신문사와 접촉하는 방법에는 몇 가지가 있다. 신문사 측에서 당신에게 먼저 연락을 취해서 기사에 싣거나 당신이 먼저 신문사를 찾아가거나. 그쪽에서 당신에게 연락을 취할 수도 있고 그렇지 않을 수도 있다. 온라인 신문 서비스를 통할 수도 있다. 온라인 신문은 무료로 기사를 실어주는 곳부터 비싸게 대가를 받는 곳도 있다. 온라인 신문은 다양한 서비스를 제공하고, 당신은 온라인에 글을 올리고 작가 목록에 이름을 올릴 수도 있다. 가장 좋은 것은 주류 온라인 신문사를 통하는 것이다. 돈은 좀 들 것이다. 그러나 아마 광고를 내는 것보다 돈을 더 잘 쓰는 방법일 것이다.

최고 수준의 학회지에 글을 쓰는 것이 시작하는 시기에서는 분명 가장 좋은 방법이지만 그런 학회지는 다수의 잠재력 있는 작가들이 글을 올릴 것이다. 최저 수준의 학회지는 그 반대이다. 언론에 당신의 이름이나 글이 더 많이 인용되면 될수록 당신에게 강연을 의뢰하는 사람들에게 보여줄 것이 많고 참고할 내용도 많아진다. 참고할 내용이 많을수록 더 많은 이들의 흥미를 끌고, 돈을 밝히는 출판업계를 손안에 쥘수 있다. 이 모든 것은 다시 긍정적 순환으로 바뀐다.

요약하자면 언론과 접촉하고 계속 관계를 유지하라. 당신에게 득이 될 것이다.

소개받기

출판과 언론은 그 분야에서 평판을 높이는 데 큰 도움이 된다. 가장 쉬운 방법이면서도 과소평가되지 않는 방법은 당신이 어떻게 소개되느냐이다. 모두가 알겠지만 폭스 박사는 매우 큰 이력을 받았다. 이는 모두의 생각에 영향을 미쳤다. 그가 입을 열기도 전에 말이다. 이 말은 자신이 어떻게 소개되느냐에 신경을 써야 한다는 말이다.

대중 강연 방법을 훈련시켰던 한 의사가 있었다. 이 의사는 여성이었고 당시 젊은 나이였다. 성별이 무슨 상관이냐고 생각할 수도 있겠지만 분명한 차이가 있다. 이 여성은 국제의학연구 분야에 몸담고 있었고, 국제적인 명성을 가진 선배 연구자들 앞에서 강연을 해야 했다. 이 여성이 강연장 안으로 들어왔지만 이 분야 최고의 연구자들의 시선을 끌기는 쉽지 않았다. 그녀가 발표했던 연구는 그 분야와 연관이 있는 것이었지만 강연장의 그 누구도 그녀를 진지하게 받아들이지 않았다.

그 상황을 한번 생각해보자. 왜 그런 일이 일어났는지 단번에 알 수 있지 않은가. 사실 우리는 이미 선배 연구자들 앞에서 그녀의 강연을 소개할 전략을 머릿속에 가지고 있다. 그녀는 국제적으로 저명한 선배 학자와 함께 연구를 했다. 이 학자는 남성이었고, 선배였고, 흰머리가 난 중년이었고, 국제적 명성을 가지고 존경받는 이였다. 만약 그녀가 일어서서 연구 결과를 발표하려 했을 때 이 선배 과학자가 그녀를 소개했다고 생각해보자. 이 여성을 칭찬하는 말 몇 마디를 하고 발표할 연구가 매우 좋은 연구이며 그날 주제와의 관련성을 언급했다고 가정해보자. 자, 이 차이가 얼마나 큰가.

공공장소에서 말을 할 때는 자신이 어떻게 소개되는지 신경을 써야 한다. 어떻게 소개되느냐가 당신이 말을 하기 전에 강연 환경을 설정하는 것이고, 당신의 능력을 높이는 일이다.

영향력 있는 사람이 당신을 칭찬하는 내용의 멋진 소개 글을 읽는 것은 청중으로 하여금 당신을 다르게 보게 만든다. 자세, 자신감, 말하는 기술, 물론 말하는 내용까지 모든 것이 아주 잘 계획되었을 때, 당신은 재킷만 입고 있는 것이 아니라 재킷과 드레스 셔츠를 입고 있는 것이다. 존중받고 존경받게 된다.

진짜 세상에 온 걸 환영한다. 폭스 박사!

폭스 박사가 보내는 메시지

우리 모두는 폭스 박사가 될 수 있다. 그러나 누구나 성공하는 것은 아니다. 그것은 당신의 선택에 달려 있다.

연구결과의 활용

이 책을 쓰면서 나는 많은 원인과 결과에 대해 글을 썼다. 이 중 많은 부분이 학계에서 광범위하게 연구된 것이었다. 나의 목표는 이 개별 연구들을 분류해서 묶음으로 꾸미려는 것이 아니었다. 이 전체 연구들 안에서 무엇인가를 보고, 그 결과들을 조합하는 것이 목표였다. 이 연구 결과들은 우리의 인식에 거대한 영향을 미치기 때문이다.

연구 결과는 광범위하게 활용되고, 그 영향력은 강력하다. 이 결과들의 효과를 보고 그 효과에 따라 변화가 생겼다는 경험 사례도 많다. 유명한 오케스트라에 오디션을 보러 갔던 한 사람은 시각적 이미지가 의사결정에 영향을 미친다는 연구 결과를 듣고 커튼 뒤에서 오디션을 본 적이 있다. 여성에 대해 무의식적으로 결정을 내리는 경우가 아주 많기 때문이다. 말콤 글래드웰은 자신의 저서 『블링크』에 이 사례를 소개했다.

많은 연구들에서 걱정스러운 결과를 가져오는 경우도 있다. 교육 분야에서는 다음과 같은 결과가 있다. 로버트 로젠탈Robert Rosenthal과 레노어 제이콥슨Lenore Jacobson이 1968년 보고한 교실에서의 피그말리온 효과이다.[93] 이 연구에서 교사가 몇몇 아이들의 학업 능력을 실제보다 더 높게 볼 때 그 아이들의 학업이 실제로 향상되었다.

이 실험의 목적은 타인의 기대가 현실에 영향을 미친다는 것을 보여주려는 것이었다. 이는 좋을 수도 있고, 나쁠 수도 있는데 어떤 기대를 받느냐에 달려 있다. 이 실험은 관찰자 기대 효과와 유사한 것으로 많은 연구자들이 이 연구 결과에 우려를 나타낸다. 로젠탈은 편향된 기대가 현실에 반드시 반영되고 자기 충족 예언을 만든다고 주장했다. 이미 앞에서 누적 이득 이론에 대해 다루었다.

위의 실험에서 로젠탈은 정확하게 예상했다. 어떤 학생이 다른 학생보다 더 우수하다는 정보가 주어지면 초등학교 교사들은 무의식적으로 그 학생의 능력을 키워주고 힘을 실어주는 방향으로 행동한다. 아이에게 똑똑하다는 딱지를 붙이는 것만으로 관찰자 기대 효과를 통해 수행 능력이 향상되고 교사의 생각이 조금씩 바뀌면서 그 아이를 다르게 대한다. 걱정해야 할 것은 그 효과와 학생에게 영향을 미치는 과정

뿐만이 아니라, 그 학생의 인식 자체에도 큰 영향을 미친다는 것이다.

로젠탈 이후 10년 뒤 펠드먼Feldman과 프로하스카Prohaska는 학생의 기대가 교사에게 미치는 효과[94]를 연구했다. 한 학생 집단에게는 담임이 '꽤 유능한' 교사라고 얘기했고, 다른 집단에게는 '능력 없는' 교사라고 말했다. 이 기대 효과를 학생의 시험성적, 교사를 대하는 학생의 태도, 교사에 대한 무언의 행동을 중심으로 측정했다. 교사는 학생들이 자신을 어떻게 보고 있는지 알지 못했다. 이 세 가지 항목에서 분명한 차이가 드러났다. 교사에게 부정적 기대감을 주입한 집단은 "교사의 수업이 어렵고, 재미가 없으며, 효과도 없다"고 평가했다. 반면 긍정적 기대감을 주입한 집단은 시험에서 65.8점이 나왔고, 부정적 기대감을 주입한 집단에서는 52.2점이 나왔다. 교사에 대한 무언의 행동 항목에서 학생들은 "기대감이 낮은 교사보다 높은 교사를 더 신뢰한다"고 응답했다. 긍정적 기대감을 주입한 학생들은 그 교사의 눈을 쳐다보는 경향이 더 많았다. 결국 교사에 대한 기대는 학생들의 전체 학습 결과에 영향을 미쳤다.

여기에는 두 가지 방향의 과정이 있다. 교사들, 혹은 사람들이 기대하는 대로 결과가 나온다. 교사의 기대감 때문에 당신의 능력이 달라지는 것처럼 말이다. 어떤 훈련이든 훈련을 통해 무엇인가를 배울 수 있느냐는 당신의 태도에 달려 있다.

태도의 힘

강연자가 아닌 참석자로서 내가 참여했던 세미나에서 목격한 많은 사람들은 강연자나 이 강연자의 훈련 담당자에게 실망할 수도 있다. 그러나 나는 거의 한 번도 실망한 적이 없다. 내가 지켜보고 있는 강연자나 그를 훈련시킨 사람들이 특별히 뛰어나거나 능력이 없어서가 아니다. 이유는 많겠지만 나는 보지 않아도 될 것은 안 봐도 된다고 믿는 사람이다. 또한 내가 이전에 이미 들어본 적이 있는 것이라 해도 심리적으로나, 혹은 내가 무엇인가를 볼 때마다 나의 뇌가 그것을 인식하는 것에 변화가 있을 것임을 이해하기 때문에 내가 이 책을 5년 후에 읽는다고 해도 이 책은 나에게 유용할 것이다. 책 안에 무엇이 있는지 내가 모르기 때문이 아니라 내가 쓴 글이기 때문이다. 그러나 책 내용과 나의 관계는 변할지도 모른다. 내가 반드시 겪어야 할 내적 변화의 과정 때문이다. 이와 마찬가지로 강연자가 내게 무슨 말을 한다고 해도 그 말을 내 나름대로 바꿀 것이고 그 말을 이해하는 방식도 조금씩 바뀔 것이다.

열린 마음으로 살아가라고 이미 언급했다. 그리고 당신이 만나는 사람이 폭스 박사든 안티 폭스 박사든 최대한 상관하지 말 것을 요구했다. 이들도 결국은 이상한 스타일과 이상한 외모로 중요한 정보와 관점에 대해 말할 것이다. 뚱뚱하고, 키가 작고, 말하는 기술이 없는 이민자 여성이나, 나쁜 버릇을 가진 사람들은 감동을 주기 어렵다. 그러나 나는 그런 상황을 머릿속에 그려본다. 그 사람의 외모를 보지 않을 것이고,

그 사람이 하는 말 속에서 중요한 정보를 얻어낼 것이다.

사실 때때로 어렵기는 하다. 최근 독일에서 참석했던 프레젠테이션은 답답할 정도로 지루했다. 강연자는 복잡한 말을 해댔고, 나는 정신을 놓아버렸다. 긍정적 태도와 외적인 면을 보지 않는 능력도 소용없었다. 인간이기에 자연스러운 것이다.

멋진 리더가 되는 길

폭스 효과의 결과는 비즈니스와 리더십 상황에서 매우 크게 나타난다. 지금까지 이 책에서, 내가 소개한 많은 사례들에서 인간의 재능에 영향을 미치는 것들을 말해왔다. 이 주제는 내가 가장 좋아하는 주제이다. 짧은 시간 안에 재능에 대한 사람들의 인식을 바꿀 수 있었던 이 사례들에 내가 관여했기 때문이다. 우리는 가장 능력이 뛰어난 사람을 고용하고 있는가? 인식을 바꾸는 수많은 증거가 있거나 누적 이득이 있는가? 회사의 대표이사들과 매일 대화를 나누는 나는 정확히 이런 경우가 생기는 것을 본다. 우리는 생각보다 더 많이, 더 쉽게 폭스 박사를 고용한다. 그리고 그 사람을 쉽게 승진시킨다.

폭스 박사가 되는 힘을 과소평가하려는 것이 아니다. 그를 통해 자신감 있고 권위 있는 태도로 말할 수 있는 것이 중요한 리더십의 요건이라고 주장하고 싶은 것이다. 내가 주최한 워크숍에서 마이크 패건과 함께 이런 생각을 했다. 이것이야말로 필수적인 비즈니스 기술이라고 생각했기 때문이다.

자신의 폭스 박사를 지워낸다고 해서 평판이 좋아지거나 좋은 글이 써진다거나 회사 이미지가 좋아지는 것은 아니다. 그것은 당신의 이미지에 달려 있고, 회사의 대표이사들이 자신의 말하는 기술에 중점을 두지 않는 것이야말로 진짜 부끄러운 일이다. 말하는 기술에 중점을 두면 말할 수 있는 기회가 있을 때마다 진부한 표현이나 비즈니스 문장들을 내뱉는 대신 더 인간적이 되고 이해심도 많아지게 될 것이다. 진짜 폭스 박사가 되는 데 있어 내가 이해한 것 중 하나는 정서 지능을 키우고 세상과의 관계를 윤기 나게 닦으라는 것이다. 실제로 이렇게 하는 것이 흉내만 내는 것보다 당신을 더 멋진 리더로 만들어줄 것이다.

이 시점에서 살펴보자. 폭스 박사가 되는 데 있어 많은 여성들이 남성들보다 더 크고 많은 장애와 맞닥뜨린다. 남성보다는 여성이 사기꾼 증후군[95]을 경험한다. 자신의 능력이 현재 위치에 맞지 않는다고 생각하고 속임수를 쓰기도 한다. 이런 현상은 대부분 실제로 그 직업에 적격인, 혹은 그 이상인 사람에게서 나타난다.

유럽에서는 대부분의 미국인들이 이 문제를 가지고 있지 않을 거라고 생각한다. 유럽에 출장을 오는 미국인들은 그들의 자질이 어떻든 이미 완벽한 폭스 박사의 상태이기 때문이다. 그리고 문화에 대한 오해 때문에 많은 이들이 미국인들의 능력과 자질을 과대평가하는 반면, 조용한 사람일수록 더 보수적이라며 과소평가하려는 경향이 있다. 예를 들면 스위스의 경우가 그렇다. 예전에 내가 거래하던 유명한 개인 은행이 강한 자신감과 설득력 있는 대화 기술을 가진 영국인과 미국인으로 들끓던 모습을 봤다. 수행 능력, 효과성, 일의 양으로 봤을 때 스위스는 미국 은행보다 우위에 있었지만 곧 은행 복도를 뛰어다니는 폭스 박사 떼들로 빛을 잃게 되었다.

이들은 자기 주위에 있는 사람들의 진짜 자질은 안중에도 없었다. 악의를 가지고 하는 말은 아니다. 그럼에도 기업이 어떻게 무너지고 이런 것들에 휘둘릴 수 있는지를 보여주는 충격적인 사례이다. 그리고 아직 진짜 그림은 보기도 어렵다. 우리는 역동적이고 강한 커뮤니케이터나 자신감에 찬 리더와 상대하고 있는가? 아니면 그렇게 보이는 가짜와 상대하고 있는가? 그 열쇠는 다시 말하지만 정서 지능이다. 리더가 정서 지능을 가지고 있었다면 주위에 무슨 일이 일어나고 있는지 훨씬 더 잘 인지했을 것이고, 자금을 자본화하고 스위스의 기술과 재능을 사용하여 강력하고 수익성 있는 효과를 냈을 것이다. 은행과 관련된 모든 사람들이 '윈윈'할 수 있었을 것이다.

성공의 열쇠, 성공의 요소가 여기에 있다. 시중에 나와 있는 '성공 시켜드립니다' 하는 책들이 원죄를 가진 것처럼 말이다. 대중은 언제나 성공하는 방법을 찾아다닌다. 골프 잡지가 매번 골프를 칠 때마다 10야드씩 향상되는 법을 알려주겠다고 하면 책은 더 많이 팔린다. 기업

잡지는 '기업의 성공 비밀'이라는 제목으로 가득 차 있다. 이렇게 되면 성공에 대한 우리의 인식은 왜곡되고, 이는 다시 나선의 긍정적 순환에 강하게 영향을 미칠 수 있다. 그 이상도 이하도 아니다. 필 로젠츠바이크Phil Rosenzweig의 책 『후광효과』[96]가 기업의 이런 효과와 관련해서 읽을 만한 책이다. 이전 페이지에서 내가 언급해왔던 핵심을 담고 있다.

우리 뇌는 단순해서 성공에 대한 간단한 답을 얻으려 한다. 코비Covey의 『성공하는 7가지 습관』에 나오는 열 가지 간단한 팁도 있다. 우리는 "글쎄요, 운이 좋았군요", "훌륭한 배우가 되세요"라는 말을 듣고 싶은 것이 아니다. 이것도 성공의 일부분이긴 하다. 그렇지만 성공의 유일한 부분은 아니다. 결국 누적 이득과 같은 효과는 영향을 미치기 매우 어렵다. 나심 탈레브가 그의 저서 『우리는 운에 속는다』[97]에서 한 말이다.

주식을 집어드는 원숭이 실험이 있다. 이 원숭이는 전문 주식브로커나 자산 관리자만큼 성공적으로 주식시장 놀이를 했다. 그러나 인간은 언제나 이유를 찾으려 한다. 우리는 주식시장 분석과 같은 사례가 있음에도 성공의 비밀을 죽을 때까지 찾으려고 할 것이다. 우리 주위에 성공의 비밀을 알려준다는 정보가 많다는 것은 인간이 잘못된 결정도 한다는 것을 의미한다. 정보를 통해 우리는 안심하고, 정보가 많을수록 안정감을 느낀다.

성공의 열쇠는 많다. 성공 관련 서적에서 열쇠를 찾을 수도 있지만 이것을 통해 반드시 성공이 보장되지는 않는다. 기억해야 할 것은 이 책을 통해 누군가가 성공했다고 해서 우리 모두가 이 책에서 열쇠를 얻을 수 있는 것은 아니라는 점이다. 왜 열쇠를 얻지 못하는가? 적절한 시기에 적절한 장소에 있을 필요가 있다. 행운도 어느 정도 필요하기 때문이다. 행운을 억지로 만들어낼 수도 있겠지만 그것을 통제할 수는 없다. 내가 소말리아에서 태어났다면 지금 이 책을 쓸 수 없었을지도 모른다. 이것이 내가 말한 행운이다.

폭스 팩터의 힘

뇌와 무의식에 관해 이야기할 때 우리는 작은 딜레마에 빠진다. 우리의 무의식은 거대하고 강력하며 수백 분의 1초당 수많은 양의 정보를 처리할 수 있다. 여기까지는 우리가 알고 있는 사실이다. 슈퍼컴퓨터보다 더 많은 일을 지능적인 방식으로 해낼 수 있다. 지능에 관해서는 이야기하지 않겠다. 우리 모두 무슨 말인지 아니까. 직감이나 무의식은 환상적일 만큼 강력하고 효율적인 정보처리 방법이다. 동시에 지금까지 살펴 보았듯이 무의식은 우리를 탈선시켜 잘못된 길로 이끌 수도 있다. 딜레마가 있다면 그것은 우리가 더 많은 정보와 더 많은 요소들을 찾아다닌다는 것이다. 그러나 간단하게 생각하면 된다. 폭스 박사가 되는 것은 중요하다. 결국 우리는 인간이고, 인간과 인간의 접촉이 필요하고, 우리를 이끌 힘 있는 리더가 필요하며, 상호작용할 수 있는 사람이 옆에 있어야 앞으로 나아간다. 좋은 아이디어와 지식으로 무장한 폭스 박사가 된다는 것은 우리 모두가 염원해야만 하는 일이다. 버나드 메이도프처럼 지식이 없는 폭스 박사는 위험하다. 비윤리적인 폭스 박사도 마찬가지다.

이는 정치와도 연관되고, 내가 좋아하는 주제와도 관련이 있다. 자질 있는 리더가 아닌 폭스 박사에게 한 표를 행사할 것인가? 불행히도 정치를 보면 볼수록 그럴 것이라는 생각이 든다. 정치인은 나라를 이끄는 리더이고 우리가 살고 있는 환경, 우리 비즈니스 환경을 통제한다. 2007~2009년까지 최근의 경기 불황 동안 나는 베테랑 정치인과 회사 대표들이 은행이 위험에 처한 것에 대해 우습지도 않은 이유를 나열하는 것을 봤다. 이들은 서브프라임 사태가 여러 집단의 잘못에 의해 벌어진 일이라는 것을 잊은 듯했다. 그중 자신은 잘못이 없다고 생각한 집단이 바로 집을 사려고 했던 사람들이다. 돈이 없는 사람들이 집을 사려고 했다. 분수를 넘는 생각을 한 것이다. 이 사람들이 없었다면 서브프라임 사태는 일어나지 않았을 것이다. 이들은 집을 사고 싶었던 사람들이고 당신도 거기에 포함된다. 상황이 이해는 되지만 이것은 감정이 개입된 생각이다. 물론 은행 안의 살찐 고양이들이 더 흥미로운 타깃이다. 당연히 그들이 이 사태를 몰고 온 주범이지만 역시나 여러 주범 중의 하나이다. 여기에는 많은 논란이 있다. 내가 말하는 것은 실제 비난의 대상이 되는 사람이다.

이로써 인간의 본성에 대한 논의로 이어진다. 우리의 심리와 뇌 기능에 대한 것 말이다. 99쪽에서 언급한 뜨거운 사고에 소개되어 있다. 정서적으로 민감하다는 말은 그래야 할 만큼 우리가 이성을 판단하는 뇌 영역을 활성화시키지 않는다는 말과 같다. 이 말은 문제를 해결하는 방식에 균형이 잘 잡히지 않았다는 뜻이다. 사실 정보를 처리하는 방식들이 역사를 통틀어 정치인들에 의해 직관적으로 사용되면서 대중에게 영향력을 발휘했고 추종자를 만들어냈으며 개인의 욕망을 채우고 권력을 차지했다는 생각이 든다. 이런 현상은 자신의 국가와 다른 국가, 다른 민족을 볼모로 잡는 짓이다.

정치인들은 감정을 건드리고, 상품화하며, 매우 단순화시킨 해결 방법과 정치적 싸움을 되사는 방법을 배운 사람들이다. 2010년 보수주의 정치 운동인 티파티 운동이 미국을 강타했다, 그러나 외부인의 눈에는 그냥 정치적 도구로밖에 보이지 않았다. 인간에 대한 진정한 관심이나 미국 시민, 지구라는 행성과는 아무 관련도 없다. 그냥 정치적인 책략일 뿐이다. 이 세계가 어떻게 돌아가고 문제를 어떻게 해결할지 고민하는 정치인이 있다면 얼마나 멋진 일이겠는가. 많은 사람들은 물론 나 역시 세상의 모든 문제를 해결할 한 가지가 무엇인지 알고 있다. 그것은 평화이며, 우리에게 내일이 있다는 사실이다. 우리가 원한다면 말이다. 그렇지만 '우리'가 원할 때 문제가 생긴다. 나도 아니고, 당신도 아니고, 친구들도 아니다 집합적 의미의 우리이다. 추종자를 가진 정치인들만이 이 일을 할 수 있다. 바바라 켈러먼Barbara Kellerman의 책 『팔로워십』[98]에서 이 내용을 상세히 다룬다.

불행히도 당신은 정치 세계에서 합리적인 입장을 취하는 사람에게 표를 던져주지 않는다. 줏대 없다는 말도 들어보고, 자기 의견도 없이 우유부단하다는 말도 들어봤을 것이다. 얼마나 부끄러운 일인가. 문제는 일반 대중들이 이 세계에 대해 더 명확하고 간단한 생각을 제시해주는 사람을 원한다는 것이다.

최근 몇 년 사이에 스위스국민당이 스위스에서 가장 힘 있는 정당이 되었을 때의 상황이다. 이때는 강력한 캠페인으로 당끼리의 경쟁이 가장 단순화되었고, 공포와 애국심을 이용한 간단한 전략에 초점을 두었다. 이런 것들이 스위스의 정치 정국을 뒤흔들었고 경쟁 정당들은 적절한 대응을 하지 못했다. 젊은 사회주의자당도 흔한 정치판의 반대쪽에서 위시를 과시했다. 이들의 주장은 종종 바보스러울 때도 있었다. 좌와 우, 우와 나쁜 쪽이라는 이 간단한 정치 싸움에서도 우리의 정보 처리 방식을 보여준다. 우리는 수백만 분의 1의 정보를 받아들이고 그것을 가지고 옳고 그름을 판단한다.

인간으로서 얼마나 부끄러운 일인가. 명확하게도 이 책에서 내가 말해온 무의식의 과정은 강연이라는 평범한 상황이나 비즈니스라는 조금 더 진지한 상황에서만 우리를 제한하는 것이 아니다. 주류 정치 문화에서도 우리를 제한한다. 내가 진실로 바라는 것은 이 책을 읽는 독자들은 사람의 마음과 의사결정 과정을 좀 더 명확하게 꿰뚫어 보는 것이다.

그리고 이것을 다양한 상황에 적용할 수 있기를 바란다. 독자들에게 사람을 통찰하는 능력이 생긴다면 그보다 기쁜 일은 없을 것이다. 그러나 더 넓은 시각에서 이것을 효과적으로 사용하는 법을 배울 수만 있다면 상상 이상으로 더 큰 힘과 통찰력을 얻을 것이다.

이 책은 독자들의 인식에 조그마한 변화만을 만들어줄 뿐이다. 그러나 독자들이 지금까지 해왔던 것보다 더 자주 이 변화 과정을 인식할 수 있다면 나는 행복할 것이다. 나는 백인이고, 배경도 좋고, 흰머리에 키도 크다. 그냥 당신의 견해에 조금 영향을 미쳐봤다.

안타깝게도 이 책은 아마 당신에게 영향력을 미칠 수 없을 것이다. 앞에서 이미 언급했지만 1970년 사회 심리학자 리처드 니스벳이 후광 효과로 증명했듯이[99] 우리의 판단이 후광 효과의 영향을 받는다고는 해도 언제 어떻게 우리에게 영향을 미쳤는지 알 수 없기 때문이다.

이 책만큼은 다른 책과 다르기를 바란다. 진심이다.

받아들여지지 않은 사실들

이 책을 마칠 즈음해서 발표 당시에는 주목받지 못했던 좋은 연구들을 살펴보려한다. 이 연구들은 주로 당시의 왜곡된 사고방식에 의해 제재를 받았다. 이 중 몇몇은 이후에 알려졌지만 꽤 오랜 시간이 걸렸다.

지구는 둥글다

중세에 만연했던 믿음이었지만 당시 모든 사람들은 지구가 평평하다고 믿었다. 지구의 형태에 관한 논의는 수없이 많았다. 사실 현대에 이르러서야 1956년에 '지구가 평평하다고 믿는 사람들의 모임'이 설립되었다.

고대의 많은 과학자들은 지구가 구의 형태라고 추측했다. 중세 유럽에서 이런 추측이 부분적으로 빛을 잃었지만 지구가 평평하다는 생각은 그냥 사람들이 그렇다고 느끼는 것이었다. 중력의 개념도, 대기에 대한 개념도 없이 지구가 둥글다고 믿기는 어려웠을 것이다. 당시에는 지구의 반대편에 사는 사람들은 머리로 걸어 다닌다고 믿었다. 지구가 둥글다고 믿지 않았던 것이다. 확실히 왜곡된 생각이었다. 머리로 어떻게 걸어 다니나. 물론 태양계에 대한 개념도 전혀 없었다. 사고 자체가 그렇게 논리적이지도 않았지만 우리가 세상에 대한 인식과 어떻게 연관되어 있는지, 이런 인식을 세상의 모든 것들과 어떻게 연관 짓는지를 보여주었다. 왜곡된 사고의 형태 말이다.

태양계의 중심

위의 이야기는 태양계와 연관된다. 우리는 이기적이다. 우리는 자신을 세상의 중심이라 여긴다. 확실히 그렇다. 따라서 우리가 여기에 있고 세상을 눈으로 보고 있다면 우리가 우주의 중심이라고 여길 만하다. 이것이 당시 천문학자들의 논리였다. 이런 관점을 변화시키는 일은 존재에 대한 전반적인 인식을 변화시키는 것이다. 이 부분에서 의문이 생겼고, 많은 사람들이 신의 존재를 믿었다.

더 재미있는 것은 여러 이론과 우주의 중심이 지구라는 증거들과는 무관하게 논란 속에서 이 사실을 증명해주는 많은 양의 증거들이 얼마나 확실한지에 대한 내용은 다루지 않았다.

코페르니쿠스는 태양이 중심이라는 글을 썼고, 100년 뒤 갈릴레오 갈릴레이가 또 한 번 같은 주장을 했다. 갈릴레이는 이런 생각 때문에 교회로부터 고소를 당하기도 했다. 그럼에도 이 반대의 증거들이 나왔

우리는 이기적이다. 우리는 자신을 세상의 중심이라 여긴다.
지구가 우주의 중심이라는 주장은 어쩌면 당연한 것인지도 모른다.

다. 정서적 민감성과 명확한 증거가 여기서도 강조된다.

영국 해군을 치료한 석회

당시 오랜 항해 도중 영국의 해군들 사이에 괴혈병이 돌았다. 먹을 것
도 없는 최악의 상황에서 괴혈병은 점점 번져갔다. 1740~1742년 사이
에 세계를 항해하던 유명 항해사 조지 앤슨은 괴혈병으로 선원 3분의 2
를 괴사시킬 수밖에 없었다. 이 병은 1300년부터 2000년까지 유행했다.
1756~1763년의 7년 전쟁동안 해군이 잃은 군인의 수는 병적에 등록된
수만 18만 명이었다. 괴혈병은 사람들이 죽는 가장 큰 원인이 되었다.

괴혈병을 치료하려고 시도한 최초의 의사 중 한 명인 제임스 린드
James Lind는 석회나 감귤을 사용하면 괴혈병을 퇴치할 수 있다고 주장했
다. 비타민 C의 공급이라는 석회나 감귤의 진짜 효력은 1932년까지 제
대로 알려지지 않았다. 그래도 효과는 좋았다. 괴혈병은 선원들에게 가
장 큰 재앙이었고 제임스 린드는 치료를 시도한 선구자로서 치료 방법
을 찾아냈다. 이 이야기는 잘 알려진 이야기이다.

영국 해군이 바로 이 방법을 시도했을 것이라고 믿겠지만 그렇지
않았다. 사실 1790년까지 제임스 린드의 주장은 받아들여지지도 않았
다. 1700년 당시에는 인간의 평균 수명이 40세 정도였다는 것을 감안
한다면 1년에 수천 명의 생명을 구하고 큰돈을 절약할 수 있었던 방법

을 채택하는 데 40년이 넘게 걸린 셈이다. 당시 제임스 린드에게는 폭
스 팩터가 그렇게 많지 않았을 것으로 생각된다.

손 소독

이그나즈 제멜바이스Ignaz Semmelweiss는 비엔나 종합병원의 보조 의사였
다. 그는 병원의 두 클리닉 중 한 곳에서 분만 열병에 의한 사망률이 현
저히 높음을 알게 되었다. 한 곳은 전공의가 담당했고 다른 한 곳은 조
산사가 담당했다. 이상하게도 전공의가 담당한 클리닉에서 두 배 이상
많은 사망률이 발생하고 있었다. 당시 클리닉에서 분만이 진행되는 동
안 그 옆에서는 연구의 일환으로 시체 해부가 진행되었다. 시간을 낭비
하지 않고 시술 공간을 효율적으로 사용할 수 있기 때문이었다.

제멜바이스는 사망의 원인을 연구한 결과 전공의에 의해 시체의 병
균이 산모에게 옮았을 것이라는 결론을 내렸다. 어떤 때는 썩어서 곪은
시체도 있었다. 당시 이 사건은 30퍼센트라는 충격적인 사망률을 보였
다. 세균에 대한 이론이 아직 정립되기 이전 시대였고, 당시에는 산모
사망의 원인을 헌혈에 있다고 보았다. 제멜바이스의 지도 교수는 분만
열병의 원인을 내장 속의 불순물 때문이라고 믿었다.

제멜바이스는 손 소독법을 소개했고 사망률이 급격히 낮아지는 것
을 확인했다. 그러나 손을 씻는 것이 왜 사망률을 낮추는지는 알지 못

했다. 제멜바이스는 전공의들의 손에 묻은 시체의 살 조각이 원인이라고 생각했다.

참 비극적인 부분이지만 제멜바이스는 명성도 얻지 못했고 병의 원인도 알지 못했으며 권위도 얻지 못했다. 제멜바이스가 발견한 이 사실은 의학계에서는 어처구니없는 주장으로 받아들여졌다. 어떤 이들은 전문성을 가진 의사들이 비엔나의 인턴들처럼 도덕적으로 잘못이 있는 만큼 위생적이지도 못하다고 믿었다. 제멜바이스는 손 소독법이 사망률을 1퍼센트로 낮춘 뒤에도 의사들로부터 경멸의 시선을 받았고 이후 의사를 그만두었다. 그는 결국 의학계와 다툼을 벌였고, 의학계로부터 고립되면서 이상한 사람 취급을 받았다. 이후 정신병동에 보내졌고 병원 관계자에게 구타당한 뒤 아이러니하게도 전염병으로 죽었다.

이그나즈 제멜바이스에게 폭스 팩터가 더 많았다면 아마도 많은 여성의 삶이 구원받았을 것이다.

전화

우리 모두가 잘 아는 혁신적인 발명품이지만 처음에 사람들은 강하게 저항했고 회의적이었다. 다음은 전화기가 사람들에게 알려진 뒤 그와 관련되어 나온 글들이다.

"전화기라는 것을 대화의 수단으로 생각하기에는 결점이 너무 많다. 이 기구는 본질적으로 우리에게 아무런 가치가 없다."

_웨스턴 유니온(1878년 혹은 1876년)

"미국인들에게는 전화기가 필요한지 모르겠지만 우리에게는 필요가 없다. 우리는 집배원들이 넘쳐나기 때문이다."

_ 윌리엄 프리스 경(영국 우체국 최고 책임자, 1878년)

"훌륭한 발명품이지만 누가 사용하겠는가?"

_ 루터포드 헤이즈(미국 대통령, 1876년 벨이 발명한 전화기를 시찰한 뒤)

"인간의 목소리를 철사를 통해 먼 곳까지 전달하고, 먼 곳에 있는 사람이 그 목소리를 들을 수 있다는 기구를 소개하면서 무지한 이들과 미신을 믿는 사람들에게 사기를 치려한 사람이 미국에서 체포되었다. 그는 이 기구를 전화기라고 불렀다. 제대로 된 사람들은 철사를 통해 인간의 목소리를 전달하는 것이 불가능하다는 것을 안다."

_《뉴욕신문(1868년)》

문자메시지

2000년대로 들어서면서 새로운 기술이 빠르게 발전하고 있다. 컴퓨터, 노트북, 대형 텔레비전이 휴대폰 안으로 들어왔다. 당시 화젯거리는 휴대용 텔레비전이었고 혁신 기술을 이끌던 이들은 미래에는 색상, 해상도, 속도의 싸움이 될 것이라고 예상했다. 그렇다. 1992년에 처음 개발된 한 가지 기술이 있는데 이 기술은 핵심적인 위치를 차지했고, 여전히 그 위치에 있다. 바로 문자메시지이다. 그냥 글자일 뿐이고 140자밖에 쓰지 못한다. 색깔도 없고, 사진도 없고, 해상도도 낮다. 문자메시지 이용률이 세계 최고인 필리핀에서는 연간 142백만 개의 문자메시지가 오간다.

혁신 기술을 이끌던 사람들조차 생각하지 못했던 부분은 문자메시지가 빠르고 쉽고 개인적이며 익명으로 보내는 것이 가능하다는 것이었다. 그리고 싸다. 바로 이것이다. 문자메시지는 최고의 기술이고 여전히 그렇다. 문자메시지가 MMS로 대체될 수도 있다지만 그렇지 않다. 값싸고 쉬운 것이 최고이다.

해리포터

최근 몇 년 사이 자주 언급되는 이름이 J. K. 롤링스이다. 재미있는 것은 이 작가의 글이 열두 군데의 출판사로부터 거절당했다는 것이다. 아동용 책은 돈이 되지 않는다는 말을 들었고, 잘 알려지지 않은 작가라는 점 때문에 조앤 롤링Joanne Rowling이 아닌 J. K. 롤링스로 이름도 바꾸었다. 출판업계에서는 남자아이들이 여성 작가의 책을 사지 않을 것이라고 믿었기 때문이다. 얼마나 잘못된 생각이었는가.

지능이 높은 여성

세상이 만들어지고 나서 여성을 열등하다고 생각하는 관점이 만연했고, 다른 주제는 명료하게 설명했지만 아리스토텔레스의 왜곡된 사상에 의해 중세까지 이에 대한 강한 믿음이 있었다. 다윈 역시 자신이 여성의 열등성에 대한 과학적 증거를 찾았다고 믿었다. 다윈의 발견도 남성 중심적 사상에 영향을 받은 것이었다. 인간의 눈에 보이는 지구는 우주의 중심이라는 믿음과 유사하게 여성이 열등하다는 믿음 또한 결코 바뀔 수 없는 생각이었다. 우리가 우연히 알게 된 사실은 여성의 뇌 크기와 남성의 뇌 크기가 다르고, 신체 크기도 다르지만 이것이 지능에 영향을 미치지 않는다는 것이다.

현대의 논문에서 여성에 대해 마지막으로 가장 통렬한 공격을 가한 사람은 1879년에 논문을 쓴 구스타프 르 봉Gustav Le Bon임에 틀림없다. 다음은 프랑스에서 가장 권위 있는 인류학 학회지에 실린 글이다.

파리인들 사이에서 누가 지능이 가장 높은지 결정하는 경기에 참여하는 사람들 중에는 가장 진화된 남성의 뇌보다는 고릴라의 뇌 크기와 유사한 여성의 수가 더 많다. 아무도 지능 경쟁을 하지 않는다는 사실로 보건대

이는 열등감에서 비롯된 것이 분명하다. 여성들의 지능 정도를 구별하는 것은 논의할 가치도 없다. 여성의 지능을 연구해왔던 모든 심리학자들은 여성이 가장 열등한 인류의 진화 형태를 보여주었고, 성인이나 문명인보다는 어린이나 미개인에 가깝다는 사실을 확인했다. 여성들은 변덕스럽고 일관적이지 않은 점에서 타의 추종을 불허하고, 생각이나 논리가 없으며, 추리 능력이 없다. 평균 남성보다 훨씬 뛰어난 여성이 존재하는 것은 분명하지만 기형아가 태어나는 것만큼 드문 경우이다. 머리가 두 개인 고릴라가 태어나는 것처럼 말이다. 따라서 이런 여성들은 완전하게 무시해도 된다.

여성에게 남성과 같은 교육을 받게 해준다거나 남성과 같은 목표를 설정해주려는 것은 위험하고 터무니없는 발상이다. 여성에게 본래 주어진 열등한 직업이 무엇인지 알지 못했던 시대에 여성은 집을 떠나 전쟁에 참가하기도 했다. 오늘날 사회 진화가 시작되고 가족과 연결시켜주는 모든 것은 사라질 것이다.

정말이지 놀랄 만큼 왜곡된 생각이다. 이런 생각도 믿음에서 나왔다. 이는 오늘날에도 만연해 있는 믿음으로, 지능은 타고나는 것이며 사회나 문화적 상호작용의 일부가 아니라는 믿음이다. 여러 연구를 봐도 환경이 더 중요하다는 것을 알 수 있다. 제프 콜빈Geoff Colvin의 책 『재능은 어떻게 단련되는가』[100]는 재능과 관련해서 읽어볼 만한 책이다. 내가 가장 좋아하는 주제이기도 하다.

오늘날 개발도상국의 대학에서 여성의 수가 남성을 넘어서고 있고, 신뢰할 만하고 정직하며 일관성이 있다는 점에서 회사에서도 여성을 선호한다는 것을 생각하면 세상이 변하고 있다는 생각이 든다. 대부분의 미래학자들은 이 행성의 미래는 훨씬 더 여성적이 될 것이라고 예측한다. 훌륭한 판단력과 균형 잡힌 의사결정력이 있는 한, 그리고 우리 인간이 그럴 것이라고 생각하는 한 나에게는 매우 좋은 일이다.

성격유형에 관하여

우리 모두는 서로 다른 성격을 가지고 있고 회사나 심리 측정 분야에서 이루어지는 성격 측정 방법도 다양하다. 성격을 측정하는 검사는 해당 직업에 가장 알맞은 특성을 가진 사람을 선발하기 위함이다.

MBTI가 가장 오래되었고 전 세계에서 가장 잘 알려진 성격 측정 검사이다. 이 검사는 칼 구스타프 융Carl Gustav Jung이 1921년에 쓴 『성격유형』이라는 책을 토대로 한다. 이 책을 읽고 있는 우리와도 관련된 것으로, 성격유형에 따라 우리가 폭스 팩터를 어떻게 처리하는지를 설명한다. 코칭 전문가로서 많은 시간을 보내고 리더십 팀과 일하면서 목격한 것이 리더들은 정보를 처리하는 방식이 다르고, 대화 시 통찰력이 작용한다는 사실을 믿는다는 것이다. 물론 잔인한 현실도 있다. 우리가 모른다는 사실을 모른다는 것, 혹은 서로가 다른 성격유형이라는 것을 안다고 해도 이 사실이 반드시 스스로를 변화시키는 길로 인도하지 않는다는 것이다.

MBTI 검사를 통해 도출되는 이분법적 결과에 대해 잠시 이야기해보자. 첫 번째는 직관과 판단이다. 직관 유형은 세상을 직관적으로 바라보고, 판단 유형은 만질 수 있는 정보를 통해 세상을 판단한다. 판단 유형은 실제로 만질 수 있는 물질적인 정보를 얻으려 한다. 직관 유형은 폭스 팩터를 직관적으로 보고 느낀다. 그리고 이 책에 매력을 느낄 것이다. 판단 유형을 설득하려면 더 물질적이고 견고한 증거를 제시해야 한다. 내가 이 책에서 제시한 과학 논문 같은 것 말이다. 판단 유형은 지루하고 불확실하고, 다양한 효과들을 강화시키고 지지하거나 이 효과들과 모순될 수 있는 요소들을 내포하는 대화를 좋아하지 않는다. 판단 유형은 납득이 충분히 이루어져야 하고, 더욱 확실한 예시와 방법을 원한다. 만약 당신이 직관 유형이라면 이미 이 책의 정보들에 푹 빠져, 행복한 마음으로 이 정보들을 직관적으로 통합할 것이다.

어느 것이 좋다 나쁘다 말할 수 없지만 자신의 유형을 알아두는 것이 좋다. 이 책에 나온 정보들을 처리하는 능력은 당신이 정보를 모으는 방식에 따라 큰 영향을 받을 것이기 때문이다.

두 번째 이분법은 의사결정 방식이다. MBTI 검사지는 이를 생각과 느낌으로 나누어놓았다. 생각 유형은 더 이성적인 논법을 구사하고, 느낌 유형의 사람은 무엇이 옳은지를 정서적 관점에서 판단한다. 생각 유형은 이 책을 읽을 때 논법을 찾고, 그 논법을 뒷받침해주는 증거들을 찾고 있을 것이다. 느낌 유형은 이 책이 옳은지 그른지를 느낌으로 판단할 것이다. 당신의 정보가 직관적이고 느낌 위주라면 내 생각을 탐색하는 한편 다른 한쪽에는 판단을 두고 증거와 논문과 인용 문구를 모은다. 이보다 훨씬 더 많은 이야기가 있겠지만 나의 직관이 지나치게 세부적으로 작용하는 것을 막는다. 핵심을 잘 보지 못하는 것이 직관적 인간의 삶이다.

이 책을 덮을 때 당신은 책의 질적인 부분보다는 당신의 성격유형을 바탕으로 책에 대한 의견을 말할지도 모른다. 이 책뿐만이 아니라 어떤 책을 다 읽고 난 후도 마찬가지일 것이다.

실천 지능과 관련해서도 생각해볼 필요가 있다. 실천 지능은 지능을 활용하는 것과 추상적인 이론들을 적용하는 능력이다. 내 생각에 이것은 과소평가된 지능의 형태이다. 무엇인가를 실천하는 능력은 지능의 형태와 관련 없이 핵심이기 때문이다. 말콤 글래드웰의 저서 『아웃라이어』에서 이 내용을 조금 다루었다. 추상적인 방정식을 풀고 복잡한 이론을 만들어내는 일은 멋진 일이지만 이런 것들이 실천 능력과 관련 있어 보이는가? 그동안 많은 분야에서 이것을 경험했다. 내가 신경과학 이야기를 할 때 많은 비즈니스맨들은 이 내용을 활용할 수 있게끔, 실용적인 용어로 간단하게 설명해달라고 한다. 맞는 말이다. 그러나 아이러니하게도 이 또한 실천 지능이 부족하다는 것을 보여준다. 실천 지능을 가진 사람들은 기저에 깔린 유사점을 알고, 유사점들을 여러 상황에 연결시킬 수 있고, 상황들의 실제적 관련성을 볼 수 있다. 최근 나와 이야기를 나눈 빈틈이라고는 없는 베테랑 경영인은 내가 아이를 다루는 방법을 이야기하는 동안 순간적으로 인간의 본성과 리더십 요소의 관련성에 주목했다. 그는 순간적으로 성인 리더들과의 중요한 유사점과 차이점을 보았던 것이다.

실천 지능의 한 예가 벽돌이다. 워크숍에서 나는 '창의성, 혁신, 영감의 예술과 두뇌 과학'에 대해 강연을 했다. 나는 청중들에게 벽돌을 가지고 할 수 있는 것들을 생각나는 만큼 많이 적으라고 했다. 창의적인 사람들, 즉 실천 지능을 가진 사람들은 벽돌을 가지고 할 수 있는 것들을 끝도 없이 적어 내려갔다. 옷본이나 천이 움직이지 않게 눌러두는 문진, 계단, 망치, 분쇄기, 무술 용품, 모니터 받침대 등 끝도 없이 목록을 써내려갔다. 실천 지능을 키우려면 간단하게 이런 노력을 하면 된다. 눈앞에 있는 사물을 아무거나 하나 찾아내어 그것을 활용할 수 있는 방법들을 생각해본다. 하루에 한 번씩만 해도 매 순간 점점 더 많은 활용 방법을 찾게 될 것이고, 당신의 실천 지능은 서서히 향상될 것이다.

폭스 팩터나 다양한 무의식의 처리 과정도 마찬가지이다. 다른 상황과의 관련성이 보이는가? 당신과의 관련성이 보이는가?

○ 자기 자신을 드러내거나 말하는 방식은 사람들에게 상당한 영향을 미친다. 그러나 알맹이 없는 폭스 박사가 되는 것은 책임감 없고 바보 같은 짓이므로 경계해야 한다. 폭스 팩터는 거짓된 이미지를 만들어내는 것이 아니라 능력을 기르고, 지식을 쌓고, 리더십을 길러 스스로를 만들어가는 것이다. 따라서 폭스 박사가 되는 것은 매우 정당한 전략이다.

○ 진짜 폭스 박사가 되는 것은 생각만큼 어렵지 않다. 정서적 자기 성찰과 명상으로 최상의 마음 상태를 만들고, 힘 있는 자세와 표정으로 자신감을 얻고, 훈련과 노력을 통해 말하는 기술을 익히고, 새로운 도전으로 조금 유명해지는 연습을 한 다음 멋지게 즐기면 된다. 훈련을 통해 무엇인가 배울 수 있느냐는 당신의 태도에 달려 있고, 실제로 이렇게 하는 것이 흉내만 내는 것보다 당신을 더 멋진 리더로 만들어줄 것이기 때문이다. 또한 이것은 곧 성공과도 관계가 있기 때문이다.

폭스 팩터와 함께 한 여행의 끝이 보인다. 지금까지 폭스와 관련된 다양한 이야기를 봤고, 우리 인식에 영향을 미치는 심리적 기저와 뇌의 처리 과정을 보았다. 폭스 팩터를 속속들이 살펴보았고, 조금씩 폭스 박사가 되는 방법을 알아왔다. 이제 당신이 무엇을 선택할 것인지에 대해 짧게 몇 마디 할 것이다.

어느 일요일 오후《폴리오》에서 짧은 글을 읽은 이후로 폭스 팩터에 관한 내 의견은 바뀐 적이 없다. 사실 뇌와 심리학에 대해 더 많이 알아보고, 연구하고, 배울수록 폭스 팩터에 관한 견해는 더욱 강해졌다. 그 이후로 나는 지역이나 국제시장에서 지위를 쌓아갔다. 나의 폭스 팩터는 상승했고, 이제 사람들이 나에 대해 왜곡된 생각을 한다는 것을 알게 되었다. 좋은 일이긴 하지만 나는 자주 폭스 박사가 사람들 안으로 들어와 정작 들어야 할 목소리는 듣지 않고 듣지 않아도 될 목소리를 듣는 경우를 보아왔다. 폭스 팩터는 하루 종일 어느 곳에나 우리 주위에 있다. 이전에도 언급했지만 내 글을 교정해주는 많은 사람들은 글을 읽고 난 직후에 내 글이 재미있을 뿐만 아니라 전적으로 사실이라면서 고개를 끄덕였다. 이런 말을 들을 때 나는 행복하다. 욕심으로는 세상 사람들의 머릿속에 지식을 키워주어 더 나은 결정을 하고 '계몽된 리더십'으로 이끌고 싶기 때문이다.

여러 번 강조한 것처럼 폭스 팩터는 단일 효과가 아니다. 따라서 누군가에게는 도움이 되지 않을 수도 있다. 폭스 팩터가 과학적 개념이 될 수 없는 이유가 이것이다. 폭스 팩터는 상황마다 다를 수 있는 효과와 영향들이 섞여 있고, 이는 연구실 실험이 아닌 실제 세상의 복잡함이다.

폭스 박사가 된다는 것은 정당한 전략이다. 자신을 표현하는 방식과 말하는 방식은 그 말을 듣고 있는 사람들과 대중에게 영향을 미칠 것이기 때문이다. 잘못을 하거나 거짓말을 하거나 이 요소를 잘못 사용하는 것은 책임감 없고 바보 같은 짓이므로 부디 그러지 않기를 바란다.

폭스 박사가 되어라. 진실하고 정직하게 마음을 열어라. 더 많이 배워서 세상에 대한 지식을 넓혀라. 지식과 지능은 삶의 열쇠가 아니다. 그러나 이를 어떻게 사용할지 생각하고, 당신의 메시지를 전한다면 성공이 다가올 것이다. 폭스 팩터가 이를 아주 잘 보여준다.

이 책을 읽은 똑똑하고 이성적인 사람들은 언제쯤이나 결정을 잘 할 수 있게 될지 궁금할 것이다. 비관적인 말을 하고 싶지는 않지만 아주 오랜 시간이 걸릴 것이다. 인간의 뇌는 뇌일 뿐이며, 뇌의 구조와 처리 방식은 수백 년 수백만 년이 지나도 바뀌지 않을 것이다. 우리 뇌 구조는 신의 은총이자 저주이다. 뇌 덕분에 우리는 살아남았고, 살아가고, 발걸음을 내딛는다. 우리가 건강하게 비교적 잘 지내고 있고, 의사결정이나 인식의 측면에서도 지난 수백 년 동안 잘 지내온 것을 보면 부정적이기보다 긍정적임에는 틀림없다. '시체의 조각'이 문제의 원인이라며 제멜바이스가 받은 처방은 오늘날에는 치료 방법으로 고려되지도 않는다. 아직 많은 이들이 현대 과학을 거스르는 이론들에 상당한 비판이 뒤따른다고 주장한다. 그러나 정신병동에서 맞아죽는 일은 언론의 비판과는 전혀 다른 비극이다.

언론과 정치를 보면 우리가 한 사회로서 얼마만큼 발전했는지를 보여준다. 더 확실한 의사결정과 논쟁, 정치와 언론 기사를 만나기를 바라는 마음이다. 그러나 이것은 문제도 아니다. 우리는 갈 길이 멀다. 스위스의 언론 상태를 연구한 취리히 대학의 연구를 보면 지난 20년 동안 영향력 있는 언론을 결정하는 기준이 낮아지고 있다는 사실을 알 수 있다.[101] 새로운 테크놀로지와 새로운 형태의 미디어, 넘치는 정보를 가지고도 이상할 만큼 정보 소비자들은 질적으로 낮아지고 있다. 폭스 팩터의 힘을 그리워하게 만드는 개인들에 두는 관심이 전에 없이 커지면서 말이다.

어떤 이들은 폭스 팩터의 관련성이 시간이 지날수록 줄어든다고 한다. 나 역시 그럴 것이라 확신한다. 그렇지만 아주 조금일 것이다. 폭스 팩터는 교수 같은 진부한 직함에 관심을 두지 않기 때문이다. 폭스 팩터는 유명한

블로거와 같이 더 높은 인식의 형태이다. 이 둘은 같은 카테고리에 들어간다. 유명인 항목에 말이다. 우리의 기술력은 폭스 팩터를 변화시키지 못할 것이다. 이는 폭스 팩터를 다른 카테고리로 들어가게 할 것이고 다른 방향을 향하게 할 것이다. 사실 인터넷이나 누적 이득의 속도, 긍정적 순환은 부정적 순환이 그렇듯 더욱더 빨라지고 있다. 새로운 기술력과 새로운 정보의 출처는 폭스들의 힘을 키우는 능력이 된다.

연역적으로 사고하는 사람들과 구조적으로 생각하는 사람들은 폭스 팩터에 대해 간결한 설명을 원한다. 나는 간결한 설명을 피하는 경향이 있는데 본래 부연 설명이 없으면 폭스 팩터 개념은 이해하기 어렵다. 그러나 지금까지 수많은 내용들을 소개하면서 이해하게 되었다. 따라서 책을 마칠 즈음에 다음과 같은 간결한 말로 정리해본다.

외적인 면만 보거나 편향된 인식을 가지거나 그 사람의 지식을 과대평가하거나 과소평가할 때 폭스 팩터는 활발히 활동한다.

책을 쓰기 시작한 이후 폭스 박사와 관련된 영상이 온라인에 올라왔다. 이 책의 모든 내용을 읽은 후에도 당신은 웹사이트를 검색할 것이다. 나는 유튜브에 올라온 폭스 박사 강의가 공개되기 전에 책을 쓰기 시작했지만 당신은 폭스 박사가 여기에 소개된 것만큼 인상적인지, 아니면 속았다고 느낄지 궁금할 것이다. 영상은 나프툴린 박사가 가지고 있었고 파일이 아닌 테이프였기에 내가 접근할 수 없었다.

영상에는 강력한 카리스마를 가진 사람이 말을 하고 있었다. 권위가 있었고 목소리와 동작에 힘이 있었다. 순간순간 말을 멈추는 모습도 매우 효과적이었다. 말을 엉망으로 한 것도 아니었다. 지금까지 내가 수없이 강조해온 것들이다. 이 영상을 본다면 그가 내뱉는 터무니없는 말을 곧바로 무시하면서 머리를 좌우로 흔들 것이다. 그렇지만 계속 보라. 이것을 다른 장소에서 정말 본 적이 있는가? 깊이 있게 보기란 쉽지 않은 일이다.

기억하라. 지위, 정직한 신호, 목소리 톤, 몸짓 언어, 뜨거운 인지, 명확한 증거, 거울뉴런, 집단 사고, 영향을 미치는 자극, 후광효과 등 수없이 많다.

◆ 참고하면 좋은 자료들

1 Verlag NZZ Folio, Zurich, Switzerland

2 Neue Zürcher Zeitung, Zurich, Switzerland

3 Reto U. Schneider. (2006). Das Buch der verrückten Experimente. Goldmann Verlag.

4 Reto U. Schneider. (2008). The Mad Science Book: Experiments from the Wilder Side of Science. Quercus Publishing Plc.

5 Oliver Hirschbiegel. (2001). Das Experiment.

6 Christopher McQuarrie. (2010). The Stanford Prison Experiment.

7 Zimbardo, P. G. (1972). Stanford Prison Experiment: A Simulation Study of the Psychology of Imprisonment. Stanford, CA, Philip G. Zimbardo.

8 Naftulin, D. H., Ware, J. E., & Donnelly, F. A. (1973). The Doctor Fox Lecture: a paradigm of educational seduction. Journal of medical education, 48(7), 630-5.

9 (1944). Theory of games and economic behavior / by John Von Neumann and Oskar Morgenstern. Princeton University Press, Princeton:

10 Ron Howard. (2001). A Beautiful Mind.

11 Harsanyi, J. C., & Selten, R. (1972). A generalized Nash solution for two-person bargaining games with incomplete information. Management Science, 18(5), 80–106. JSTOR.

12 Malcolm Gladwell. (2005). Blink: The Power of Thinking Without Thinking.

Little, Brown and Company.

13 Charles L. Mee. (1983). The Ohio Gang: The World of Warren G. Harding. Henry Holt & Co.

14 Richard Templar. (2005). The Rules of Work: The Unspoken Truth About Getting Ahead in Business. FT Press.

15 Mike Southon. (2005). Sales on a Beermat. Random House Business Books.

16 Allan Pease. (2004). The Definitive Book of Body Language: How to Read Others' Attitudes by Their Gestures. Orion.

17 Markopolos, H. (2010). No One Would Listen: A True Financial Thriller. Wiley.

18 America's Got Talent. Freemantle Media North America, SYCO TV.

19 Britain's Got Talent. Freemantle Media Ltd & Simco Ltd.

20 Kai Bird. (2005). American Prometheus: The Triumph and Tragedy of J. Robert Oppenheimer (1st ed., p. 736). Knopf.

21 Starfield, B. (2000). Is US health really the best in the world? Jama The Journal Of The American Medical Association, 284(4), 483-485

22 Foster, G. (2008). Names will never hurt me: racially distinct names and identity in the undergraduate classroom. Social Science Research, 37(3), 934-952.

23 Marie Gee Wilson. (2005). A rose by any other name: The effect of ethnicity and name on access to

24 Sibbmark, K. (2007). Anonymous job applications – experiences of the city of Gothenborg.

25 Bargh, J. A., Chen, M., & Burrows, L. (1996). Automaticity of Social Behavior: Direct Effects of Trait Construct and Stereotype Activation on Action. Journal of Personality and Social Psychology, 71(2), 230-244.

26 Bargh, J. A., Chen, M., & Burrows, L. (1996). Automaticity of social behavior: direct effects of trait construct and stereotype-activation on action. Journal of Personality and Social Psychology, 71(2), 230-44. APA AMERICAN PSYCHO-LOGICAL ASSOCIATION. doi:10.1037/0022-3514.71.2.230

27 Schmid, G. B.. Conscious vs. Unconscious Information Processing in the Mind-Brain. Zurich, Switzerland.

28 Briñol, P., & Petty, R. E. (2003). Overt head movements and persuasion: a self-validation analysis. Journal of Personality and Social Psychology, 84(6), 1123-1139.

29 Sharot, T., De Martino, B., & Dolan, R. J. (2009). How Choice Reveals and Shapes Expected Hedonic Outcome. Journal of Neuroscience, 29(12), 3760-3765. Soc Neuroscience. doi: 10.1523/jneurosci.4972-08.2009.

30 Abelson, R. P., Tomkins, S. S., & Messick, S. (1963). Computer simulation of "hot" cognition (pp. 277-298). John Wiley and Sons.

31 Kunda, Z. (1990). The case for motivated reasoning. Psychological Bulletin, 108(3), 480-498.

32 Goel, V., & Dolan, R. J. (2003). Reciprocal neural response within lateral and ventral medial prefrontal cortex during hot and cold reasoning. NeuroImage (Vol. 20, pp. 2314-2321). Elsevier.

33 Westen, D., Blagov, P. S., Harenski, K., Kilts, C., & Hamann, S. (2006). Neural bases of motivated reasoning: an FMRI study of emotional constraints on partisan political judgment in the 2004 U.S. Presidential election. Journal of Cognitive Neuroscience, 18(11), 1947-1958. MIT Press.

34 Westen, D. (2007). The Political Brain: The Role of Emotion in Deciding the Fate of the Nation. PublicAffairs.

35 Snyder, M., & Swann, W. B. (1978). Hypothesis-Testing Processes in Social Interaction. Journal of Personality and Social Psychology, 36(11), 1202-1212.

doi: 10.1037/0022-3514.36.11.1202.

36 Sanitioso, R., Kunda, Z., & Fong, G. T. (1990). Motivated recruitment of autobiographical memories. Journal of Personality and Social Psychology, 59(2), 229-241.

37 Whalen, P. J., Shin, L. M., McInerney, S. C., Fischer, H., Wright, C. I., & Rauch, S. L. (2001). A functional MRI study of human amygdala responses to facial expressions of fear versus anger. Emotion Washington Dc, 1(1), 70-83. US: American Psychological Association.

38 Whalen, P. J., Rauch, S. L., Etcoff, N. L., McInerney, S. C., Lee, M. B., & Jenike, M. A. (1998). Masked presentations of emotional facial expressions modulate amygdala activity without explicit knowledge. Journal of Neuroscience, 18(1), 411-418. Soc Neuroscience.

39 Young, S. (2006). Micromessaging: Why Great Leadership is Beyond Words. McGraw-Hill.

40 Ekman, P. (2003). The Micro Expression Training Tool (METT). Paul Ekman GROUP, LLC.

41 Ekman, P. (2003). The Subtle Expression Training Tool (SETT).

42 Bushnell, I. W. R. (2001). Mother's face recognition in newborn infants: learning and memory. Infant and Child Development, 10(1-2), 67-74. doi: 10.1002/icd.248.

43 Judge, T. A., & Cable, D. M. (2004). The effect of physical height on workplace success and income: preliminary test of a theoretical model. Journal of Applied Psychology, 89(3), 428-441. American Psychological Association.

44 Patzer, G. L. (2006). The power and paradox of physical attractiveness. Brown-Walker Press.

45 Todorov, A., Pakrashi, M., & Oosterhof, N. N. (2009). Evaluating Faces on

Trustworthiness After Minimal Time Exposure. Social Cognition, 27(6), 813-833. Guilford Publications. doi: 10.1521/soco.2009.27.6.813.

46 Hammond, J. S., Keeney, R. L., & Raiffa, H. (2006). The hidden traps in decision making. Harvard Business Review, 84(1), 118.

47 Lord, C. G., Ross, L., & Lepper, M. R. (1979). Biased assimilation and attitude polarization: The effects of prior theories on subsequently considered evidence. Journal of Personality and Social Psychology, 37(11), 2098-2109. doi: 10.1037/0022-3514.37.11.2098.

48 Greenwald, A. G., McGhee, D. E., & Schwartz, J. L. K. (1998). Measuring Individual Difference in Implicit Cognition: The Implicit Association Test. Journal of Personality and Social Psychology, 74(6), 1464-1480.

49 https://implicit.harvard.edu/implicit

50 Greenwald, A. G., Poehlman, T. A., Uhlmann, E. L., & Banaji, M. R. (2009). Understanding and using the Implicit Association Test: III. Meta-analysis of predictive validity. Journal of Personality and Social Psychology, 97(1), 17-41. American Psychological Association: US.

51 Steele, C. M., & Aronson, J. (1995). Stereotype threat and the intellectual test performance of African Americans. (C. Stangor, Ed.)Journal of Personality and Social Psychology, 69(5), 797-811. American Psychological Association. doi: 10.1037/0022-3514.69.5.797.

52 Razran, G. H. S. (1938). Conditioning Away Social Bias by the Luncheon Technique. Psychological Bulletin, 35, 693.

53 Maier, N. R. F. (1931). Reasoning in humans. II. The solution of a problem and its appearance in consciousness. Journal of Comparative Psychology, 12(2), 181-194. Elsevier. doi: 10.1037/h0071361.

54 Schunn, C. D., & Dunbar, K. (1996). Primary, analogy, and awareness in complex reasoning. Memory & Cognition, 24(3), 271-284. Psychonomic Society.

55 Nisbett, R. E., & Wilson, T. D. (1977). Telling more than we can know: Verbal reports on mental processes. (A. Devivo, A. Silver, D. Felder, R. Hayward, K. Patterson, A. Redman, et al., Eds.)Psychological Review, 84(3), 231-259. Psychology Pr. doi: 10.1037/0033-295X.84.3.231.

56 Deaner, R. O., Khera, A. V., & Platt, M. L. (2005). Monkeys pay per view: adaptive valuation of social images by rhesus macaques. Current biology: CB, 15(6), 543-8. doi: 10.1016/j.cub.2005.01.044.

57 Monkey Business - New York Times. http://www.nytimes.com/2005/06/05/magazine/05 FREAK.html?_r=2.

58 Doob, A. N., & Gross, A. E. (1968). Status of frustrator as an inhibitor of horn-honking responses. Journal of Social Psychology, 76(2), 213–218.

59 Baron, R. A. (1976). The Reduction of Human Aggression: A Field Study of the Influence of Incompatible Reactions. Journal of Applied Social Psychology, 6(3), 260-274.

60 http://brucemhood.word press.com/

61 Nass, C., & Yen, C. (2010). The Man Who Lied to His Laptop: What Machines Teach Us About Human Relationships. Penguin Group.

62 Lindstrom, M. (2008). Buyology: How Everything We Believe about Why We Buy Is Wrong. Random House Business Books.

63 Janis, I. L. (1972). Victims of Groupthink: A psychological study of foreign-policy decisions and fiascoes (p. viii 277p). Houghton Mifflin Company.

64 Sherif, M. (1935). A study of some social factors in perception. Archives of Psychology, 27(187), 1-60. {(New} York).

65 Asch, S. E. (1955). Opinions and Social Pressure. (A. P. Hare, E. F. Borgatta, & R. F. Bales, Eds.) Scientific American, 193(5), 31-35. Worth Pub. doi: 10.1038/scientificamerican1155-31.

66 Hodges, B. H., & Geyer, A. L. (2006). A Nonconformist Account of the Asch Experiments: Values, Pragmatics, and Moral Dilemmas. Personality and Social Psychology Review, 10(1), 2-19.

67 Baron, R. S., Vandello, J. A., & Brunsman, B. (1996). The forgotten variable in conformity research: Impact of task importance on social influence. Journal of Personality and Social Psychology, 71(5), 915-927. American Psychological Association. doi: 10.1037//0022-3514.71.5.915.

68 Watts, D. J. (2007). Is Justin Timberlake a Product of Cumulative Advantage? New York Times, Magazine, Idea Lab, Online.

69 Iacoboni, M., & Mazziotta, J. C. (2007). Mirror neuron system: basic findings and clinical applications. Annals of neurology, 62(3), 213-8. doi: 10.1002/ana.21198.

70 Dumas, G., Nadel, J., Soussignan, R., Martinerie, J., & Garnero, L. (2010). Inter-Brain Synchronization during Social Interaction. (J. Lauwereyns, Ed.)PLoS ONE, 5(8), e12166.

71 Iacoboni, M., Molnar-Szakacs, I., Gallese, V., Buccino, G., Mazziotta, J. C., & Rizzolatti, G. (2005). Grasping the intentions of others with one's own mirror neuron system. PLoS Biology, 3(3), e79.

72 Simons., D. J. (1998). Failure to detect changes to people during a real-world interaction. Psychonomic Bulletin & Review, 5(4), 644-649.

73 Simons, D. J., & Chabris, C. F. (1999). Gorillas in our Midst: Sustained Inattentional Blindness for Dynamic Events Perception. Perception, 28, 1059-1074.

74 Hovland, C. I., Janis, I. L., & Kelley, H. H. (1953). Communication and persuasion; psychological studies of opinion change (pp. 0,0). Yale University Press.

75 Pentland, A. (2008). Honest Signals: How They Shape Our World. Library Journal (Vol. 133, p. 77). The MIT Press.

76 Mehrabian, Albert; Ferris, Susan R. (1967). "Inference of Attitudes from Non-verbal Communication in Two Channels". Journal of Consulting Psychology 31 (3): 248–252.

77 Schwartz, J. M., Stoessel, P. W., Baxter, L. R., Martin, K. M., & Phelps, M. E. (1996). Systematic changes in cerebral glucose metabolic rate after successful behavior modification treatment of obsessive-compulsive disorder. Archives of General Psychiatry, 53(2), 109-113.

78 Carney, D. R., Cuddy, A. J. C., & Yap, A. J. (2010). Power Posing: Brief Nonverbal Displays Affect Neuroendocrine Levels and Risk Tolerance. Psychological Science, 21(10), 1363-1368.

79 Strack, F., Martin, L. L., & Stepper, S. (1988). Inhibiting and facilitating conditions of the human smile: a nonobtrusive test of the facial feedback hypothesis. Journal of Personality and Social Psychology, 54(5), 768-777. American Psychological Association.

80 Wells, G. L., & Petty, R. E. (1980). The effects of overt head movements on persuasion: Compatibility and incompatibility of responses. Basic and Applied Social Psychology, 1(3), 219-230. Psychology Press. doi: 10.1207/s15324834basp0103_2.

81 Frick-Horbury, D., & Guttentag, R. E. (1998). The effects of restricting hand gesture production on lexical retrieval and free recall. American Journal of Psychology, 111(1), 43-62.

82 Glenberg, A. M., Sato, M., & Cattaneo, L. (2008). Use-induced motor plasticity affects the processing of abstract and concrete language. Current Biology.

83 Kellerman, J., Lewis, J., & Laird, A. D. (1989). Looking and Loving : The Effects of Mutual Gaze on Feelings of Romantic Love. Journal of Research in Personality, 161(2), 145-161. doi: 10.1016/0092-6566(89)90020-2.

85 Petty, R. E., & Wagner, B. (2009). Body posture effects on self-evaluation: A self-validation approach. European Journal of Social Psychology, 39(6), 1053-1064. Wiley Online Library. doi: 10.1002/ejsp.

86 Sokal, A. D. (2000). The Sokal Hoax: The Sham That Shook the Academy. (, Eds.). University of Nebraska Press.

87 Seager, W. (2002). Emotional introspection. Consciousness and Cognition, 11(4), 666-687.

88 Fehmi, L., & Robbins, J. (2008). The Open-Focus Brain. Trumpeter.

89 Lieberman, M. D., Eisenberger, N. I., Crockett, M. J., Tom, S. M., Pfeifer, J. H., & Way, B. M. (2007). Putting feelings into words: affect labeling disrupts amygdala activity in response to affective stimuli. Psychological Science, 18(5), 421-8. SAGE Publications. doi: 10.1111/j.1467-9280.2007.01916.x.

90 Kumroy, R., E. (2006). Please. Make me a little bit famous. I-B Pub.

91 Habermacher, A. (2010). The Electronic Ark: Controlling Email for 33.4% more Efficiency Tomorrow. Createspace.

92 Kustenmacher, T., & Seiwert, L. (2004). How to Simplify Your Life: Seven Practical Steps to Letting Go of Your Burdens and Living a Happier Life. McGraw-Hill.

93 Rosenthal, R., & Jacobson, L. (1968). Pygmalion in the classroom. The Urban Review, 3(1), 16-20. Holt, Rinehart and Winston. doi: 10.1007/BF02322211.

94 Feldman, R. S., & Prohaska, T. (1979). The student as Pygmalion: Effect of student expectation on the teacher, 71(4), 485-493.

95 Clance, P. R., & Imes, S. A. (1978). The imposter phenomenon in high achieving women: Dynamics and therapeutic intervention. Psychotherapy Theory Research Practice, 15(3), 241-247. doi: 10.1037/h0086006.

96 Rosenzweig, P. (2007). The Halo Effect and Eight Other Business Delusions

that Deceive Managers. Free Press.

97 Taleb, N. N. (2001). Fooled by Randomness: The hidden role of chance in the markets and in life. New York. Texere.

98 Kellerman, B. (2008). Followership: How Followers Are Creating Change and Changing Leaders. Harvard Business School Press.

99 Nisbett, R. E., & Wilson, T. D. (1977). The halo effect: Evidence for unconscious alteration of judgments. Journal of Feisonality and Social Psychology, 35(4), 250-256. US: American Psychological Association. doi:10.1037/0022-3514.35.4.250

100 Colvin, G. (2008). Talent Is Overrated: What Really Separates World-Class Performers from Everybody Else (p. 240). Portfolio Trade.

101 http://jahrbuch.foeg.uzh.ch/Broschren/Broschueren/Englisch.pdf

폭스 팩터

초판 1쇄 인쇄 | 2012년 10월 2일
초판 1쇄 발행 | 2012년 10월 8일

지은이 | 앤디 하버마커
옮긴이 | 곽윤정 · 이현응
펴낸이 | 박상진

편집위원 | 이광옥
편집장 | 권희대
편집 | 김신애   **디자인** | 김현철
제작 | 김현주   **경영관리** | 최수정   **마케팅** | 박훈

펴낸곳 | 진성북스
출판등록 | 2011년 9월 23일
주소 | 서울시 강남구 대치동 944-25번지 진성빌딩 10층
전화 | (02)3452-7762   **팩스** | (02)3452-7761
홈페이지 www.jinsungbooks.com

ISBN 978-89-97743-04-9 13180